Previdenciário:

Novas Tecnologias e Interações entre o Direito, a Saúde e a Sociedade

Previdenciário:

Novas Tecnologias e Interações entre o Direito, a Saúde e a Sociedade

Organizadora:
Tatiana Conceição Fiore de Almeida

LACIER

LACIER

Lacier Livraria e Editora
www.livrarialacier.com.br

Rua Doutor Quirino, 808 – Centro
CEP 13015-081 – Campinas, SP – Brasil

Março, 2022

Diretor: *Lacier José de Rezende*
Diretor assistente: *Eduardo Soares Aureliano*
Projeto de capa: *Fabio Giglio*
Projeto gráfico e editoração eletrônica: *Peter Fritz Strotbek – The Best Page*

Ficha Catalográfica

Dados Internacionais de Catalogação na Publicação (CIP)
(Câmara Brasileira do Livro, SP, Brasil)

Previdenciário : novas tecnologias e interações entre o direito, a saúde e a sociedade / organizadora Tatiana Conceição Fiore de Almeida. — Campinas, SP : Lacier Editora, 2022.

Vários autores.
ISBN 978-65-88805-27-5

1. Direito e sociedade 2. Direito previdenciário 3. Direito previdenciário — Brasil 4. Inovações tecnológicas I. Almeida, Tatiana Conceição Fiore de.

22-103256 CDU-34:364.3(81)

Índices para catálogo sistemático:

1. Brasil : Direito previdenciário 34:364.3(81)

Eliete Marques da Silva - Bibliotecária - CRB-8/9380

Sumário

Apresentação

"[...] 'E' e 'se' são palavras que, por si,
não apresentam nenhuma ameaça.
Mas, se colocadas juntas, lado a lado, elas têm
o poder de nos assombrar a vida toda.
E se... E se... E se... [...]"
Essa frase foi retirada de Cartas para Julieta,
mas se encaixa perfeitamente aqui.

E se... para nós defensores dos direitos sociais, que os buscam por intermédio da força da efetividade constitucional, nos restar apenas o riso de escárnio da escrava Trácia?[(1)]

Cabe ressaltar a importância aqui desta obra sistemática e que serve para troca de experiências, e quiçá criar um consenso em relação aos temas: ***"PREVIDENCIÁRIO: Novas Tecnologias e interações entre o Direito, a Saúde e a Sociedade"***, compreendendo a Seguridade Social como um direito humano fundamental, que deve assegurar a proteção social e pleno desenvolvimento em todas as etapas da vida. Isso ia requerer um Estado compromissado com os interesses da maioria da sociedade e capaz de desenvolver políticas consistentes para garantir sobrevivência digna às pessoas.

Essa utopia liberal está amplamente desenhada na Constituição Federal de 1988, embora a aplicação do modelo de Seguridade Social pensado para o Brasil nunca tenha acontecido de forma completa. Pior ainda, é alvo de setores específicos desinteressados no bem comum e sofre vários ataques relacionados a políticas neoliberais, mais interessados em incrementar competição e produtividade — não só das empresas — mas a produtividade dos humanos, dos corpos.

---

(1) Menção ao episódio cujo significado cultural foi brilhantemente analisado por Blumenberg (1994) e utilizado por Canotilho (2006, p. 104-105) para exemplificar as críticas ao dirigismo constitucional. O episódio é o seguinte: a mulher escrava da Trácia socorreu às gargalhadas os gritos de socorro de Tales de Mileto que, quando observava à noite as estrelas, caiu em um poço. É uma clara referência de que a busca por utopias pode esbarrar na realidade empírica.

Sofremos as consequências dessas políticas, e atualmente apresentamos um modelo complexo de políticas sociais, onde a "Previdência Social" dentro desse sistema de seguridade social tem um lugar de destaque, mas nem por isso exerce plenamente a sua missão constitucional.

E como música... *"E se eu mudasse o mundo a cada rima? Será que o futuro também mudaria?"*(2), a cada interferência dos atores envolvidos nos destinos das políticas sociais fragiliza a Previdência Social, fazendo com que a cidadania, muitas vezes se enfraqueça. E nos impõem o desafio hercúleo diário de não pensar a Previdência Social, isoladamente, como um algoritmo.

Nesse sentido é necessário aprofundar nossas discussões e reflexões sobre o sistema conceitual que caracteriza a estruturação deste seguro, em argumentos baseados nos determinantes históricos, sociais, políticos de seu surgimento, e que se contrapõem às premissas transdisciplinares da moderna seguridade social, avaliando as implicações desta escolha para a democracia e para o combate efetivo à exclusão e às desigualdades sociais.

E se... Calcular o percurso do mundo não significa compreendê-lo, eu poderia furtar-me de Cartola(3), "*deixe-me ir, preciso andar, vou por aí a procurar rir pra não chorar*", para não nos enxergar escravos da tecnologia, de uma lógica de fábrica, fábricas vivas, chips, pílulas para tudo.

E se... Numa ousadia, e resposta ao riso da escrava Trácia — para não dizer o choro de lamento... *"Quando a escrava trácia riu de Tales de Mileto — que observava atentamente o céu e as estrelas e, descuidado, caiu num poço de água — riu de que? Seria um riso de depreciação da investigação cósmica do filósofo? Não. Ela riu o riso das trabalhadoras vinculadas ao mundo da necessidade e todas as relações com todo o mundo habitado. Ele — o filósofo — queria saber o que se passava no céu, mas ele não queria ver o que estava adiante de seus próprios pés"*.

Tatiana Conceição Fiore de Almeida
Organizadora da Obra

(2) Música: *E Se?* Banda: Reverb.

(3) Música: *Preciso me encontrar*. Compositor: Cartola.

Agradecimentos

A gratidão nem sempre é a virtude mais cultivada pelos homens. Neste livro, todavia, o é, na medida de mostrar meu profundo agradecimento pelo que já fizeram, faz, e muito que ainda farão pela pesquisa transdisciplinar do direito previdenciário, assim como pela permanente demonstração de amizade e fidalguia com que brindam a todos que se dedicam com seriedade aos estudos sobre Previdência Social.

Jean Lauand, da Universidade de São Paulo (USP), durante uma conferência na Universidade Autônoma de Barcelona, na Espanha, falou: *"Alguns idiomas, como o inglês e o alemão, agradecem no primeiro nível da gratidão. 'Thank you' e 'zu danken' remetem ao reconhecimento no plano intelectual. Já a maioria dos idiomas europeus agradece no segundo nível, como 'merci', do francês, 'grazie' do italiano e 'gracias', do espanhol, que expressam alguém que dá graças ou dá uma mercê, um agradecimento a outro. No entanto, apenas o português possibilita agradecer no nível mais profundo da gratidão em apenas uma palavra. O "obrigado" traz o sentido da obrigação: 'eu me obrigo com você por ter me feito isso...'. Gera o comprometimento mútuo, gera vínculos".*

Assim, ***muito obrigada***, no sentido mais profundo do Tratado da Gratidão, de São Tomás de Aquino, a todos os autores cá participantes. Sei que são de meu conhecimento pessoal. Poderia falar das suas qualidades científicas mesmo antes de olhar os trabalhos. Contudo, depois de tê-los percorrido, minha admiração só aumenta, e não posso menos que recomendar a leitura detida e tranquila, profunda, do conteúdo inteiro deste sucoso volume.

Há temas aqui de variada safra, contudo seguem o eixo temático **"PREVIDENCIÁRIO: Novas Tecnologias e interações entre o Direito, a Saúde e a Sociedade"**, e uma ordem de influência mútua.

Certamente uma obra que vai dialogar com o leitor, deixá-lo inquieto, e provocar reflexões E se... E se... E se...

Tatiana Conceição Fiore de Almeida
Organizadora da Obra

"Sentimos que, ainda que todas as perguntas possíveis da ciência recebam uma resposta, os problemas da nossa vida não terão sido nem mesmo tocados."

Ludwig Wittgenstein, *Tractatus logicus-filosoficus* (Prop. 6.52)

Inclusão Social, Diante dos Desafios das Novas Tecnologias para as Ciências Sociais

A Sociedade de Informação e a Tributação dos Robôs

Miguel Horvath Júnior[(1)]

Resumo: Este artigo tem como objetivo alinhar as mudanças trazidas em decorrência da Revolução 4.0 e seu impacto tanto no ambiente do mercado de trabalho como também no ambiente dos sistemas de proteção social e tributário, na medida em que o desaparecimento de empregos em massa provoca um desequilíbrio no formato de financiamento da proteção social exigindo a criação de novas fontes de custeio dentre elas a denominada tributação dos robôs e o delineamento das possibilidades de incidência tributária.

Palavras-chave: Capacidade contributiva — Efetivação dos sistemas de proteção social — Revolução 4.0 — Robotax — Sociedade informacional — Tributação dos Robôs.

Não há como se falar cerca da tributação dos robôs sem que se contextualize o ambiente da sociedade de informação. É necessário enquadrá-lo no ambiente de crise do estado social, do mercado de trabalho, social e econômica e como consequência da Revolução 4.0.

A Revolução 4.0 nada mais é do que um novo modelo de produção e organização baseado no uso intenso de tecnologias de informação e comunicação com forte substituição do homem no processo produtivo ou da prestação de serviço. Tal revolução impacta fortemente a forma de trabalho fazendo desparecer várias profissões e surgir outras, dando origem a uma nova classe social já identificada e denominada pelos sociólogos de precariado (extrato populacional que cresce rápido e absorve o antigo proletariado industrial junto com os novos integrantes advindos da classe média). Apresenta como característica a intervenção direta da pessoa no processo de produção de bens e ou serviços, sejam públicos ou privados de forma mais eficiente.

---

(1) Doutor e Mestre em Direito pela Pontifícia Universidade Católica de São Paulo. Professor do Programa de Mestrado e Doutorado da Pontifícia Universidade Católica de São Paulo. Membro da Academia Brasileira de Seguridade Social ocupando a cadeira de n. 25. Procurador Federal (AGU). Autor de várias obras em Direito Previdenciário dentre elas *Direito Previdenciário*, 13ª edição, 2022 (Editora RIDEEL no prelo).

A sociedade da informação é fruto da sociedade pós revolução industrial. A Sociedade da Informação é caracterizada pelo acesso às ferramentas de tecnologia. O fator preponderante da sociedade da informação não é o conhecimento formal em si (daí a importância cada vez maior dos autodidatas), mas o acesso às informações como vetor de desenvolvimento pessoal, social e econômico.

O novo modelo de organização das sociedades assenta-se num modo de desenvolvimento social onde a informação, como meio de criação do conhecimento e sua divulgação, adquire um papel fundamental na contribuição para o bem-estar e qualidade de vida das pessoas.

Presenciamos uma crise no modelo de Estado que de certa maneira perdeu a capacidade de reagir e apresentar soluções rápidas diante das crises (sociais, fiscais, econômicas, de geração de vagas de trabalho) cada vez maiores e mais constantes. O Estado tem se mostrado mais como estrutura de manutenção de poder, do que como estrutura que apresenta soluções e as implementa.

As mudanças são cada vez mais rápidas e constantes. Tudo o que se demorou séculos para se construir é descontruído num curto e espaço de tempo.

Esta é a realidade vivenciada no século XXI provocada pela revolução tecnológica da 4ª Revolução Industrial onde o modelo de produção atua/trabalha em tempo real, de forma descentralizada e com uso de sistemas e equipamentos que permitem a intercomunicação sem a necessidade da interação humana (com uso da chamada inteligência artificial).

A Wikipédia(2) registra inteligência artificial como a inteligência à humana exibida por sistemas de software, além de também ser um campo de estudo acadêmico. Os principais pesquisadores e livros didáticos definem o campo como "o estudo e projeto de agentes inteligentes", onde um agente inteligente é um sistema que percebe seu ambiente e toma atitudes que maximizam suas chances de sucesso. Andreas Kaplan e Michael Haenlein definem a inteligência artificial como "uma capacidade do sistema para interpretar corretamente dados externos, aprender a partir desses dados e utilizar essas aprendizagens para atingir objetivos e tarefas específicas através de adaptação flexível".

A definição do que é inteligência artificial é fundamental para que posteriormente se faça a distinção entre máquina é robô. Assim poderíamos dizer que o robô é uma máquina dotada de inteligência artificial e com capacidade para interpretar dados externos, aprender a partir desses dados e utilizar essa aprendizagem para atingir objetivos e cumprir tarefas específicas, através de adaptação flexível que a permite tomar decisões de foram autônoma.

---

(2) Disponível em: <https://pt.wikipedia.org/wiki/Intelig%C3%AAncia_artificial>. Acesso em: 31 jan. 2022, 12:15h.

J. Eduardo Alvim[3] destaca que como decorrência da 4ª Revolução Industrial temos o surgimento de novos modelos de negócios, a exigência do desenvolvimento de pesquisa e desenvolvimento de tecnologias de informação cada vez mais seguras e as alterações no mercado de trabalho com a criação de novas demandas especializadas e com a extinção de postos de trabalho e profissões".

Assim, para que haja manutenção dos sistemas de proteção social em especial do sistema previdenciário novas fontes de financiamento hão de ser criadas com o manejo do princípio da diversidade da base de financiamento esculpido na Constituição Federal de 1988 de maneira inovadora e de certa maneira abandonando-se os modelos de outrora em que parte significativa do financiamento advinha das contribuições das empresas e dos trabalhadores.

O sociólogo BAUMAN[4] já ensinava que "a criação da riqueza está a caminho de finalmente emancipar-se das suas perpétuas conexões — restritivas e vexatórias — com a produção de coisas, o processamento de materiais, a criação de empregos e a direção de pessoas. Os antigos ricos precisavam dos pobres para fazê-los e mantê-los ricos. Essa dependência mitigou em todas as épocas o conflito de interesses e incentivou algum esforço, ainda que débil, de assistência. Os novos ricos não precisam mais dos pobres".

Como consequência, verifica-se que a "globalização ameaça a sociedade civil, na medida em que (i) está associada a novos tipos de exclusão social, gerando um subproletariado (underclass), em parte constituído por marginalizados em função de raça, nacionalidade, religião ou outro sinal distintivo; (ii) instala uma contínua e crescente competição entre os indivíduos; (iii) conduz à destruição do serviço público (...). Enfim, a globalização, na fusão de competição global e desintegração social, compromete a liberdade".

Para que haja a manutenção dos sistemas de proteção social e das políticas de inclusão social há de se adotar uma globalização equitativa. Para criação e manutenção das políticas de inclusão social é necessário ampliar o conceito de igualdade social. O conceito de igualdade social passa pelo acesso ao mercado de trabalho. Por isso tão valioso é o valor do trabalho que foi assegurado constitucionalmente na Carta de 1988. (...) O Estado de Bem Estar Social foi concebido para injetar compaixão ao capitalismo selvagem do século XIX. A manutenção do EBES é fundamental para que não retornemos ao capitalismo selvagem e sem freio do século XIX. Dentro de uma perspectiva histórica e cíclica precisamos de adequação do sistema sem que isso gere um Estado de mal-estar social ou retrocesso social.

---

(3) ALVIM, J. Eduardo. A "indústria 4.0" e a sustentabilidade do modelo de financiamento do Regime Geral da Segurança Social. In: *Cadernos de Dereito Actual*, n. 05 (2017), p. 246.

(4) BAUMAN, Zygmunt. *Globalização:* as consequências humanas. Rio de Janeiro: Zahar, 1999. p. 80.

A sociedade informacional apresenta constantes desafios talvez um dos maiores seja o de adaptar os sistemas de proteção social ou talvez um momento disruptivo que exigirá a criação de novos mecanismos de proteção social.

A disrupção significa anulação de tudo o que já foi feito para substituir o velho pelo novo. Neste sentido, as novas tecnologias não apenas substituem a atividade manual (mão de obra manual por vezes sem especialização) mas também em parte a mão de obra intelectual (trabalhos intelectuais rotineiros).

A crise do trabalho em boa parte é gerada pela introdução da inteligência artificial que substitui a atividade humana pela atividade dos robôs. Fazendo surgir a grande questão social: O que fazer com os trabalhadores? Como serão alocados neste novo mundo laboral? Chegou o momento tão esperado de ser ter acesso ao ócio criativo?

As respostas aos questionamentos são complexas e exigem um esforço hermenêutico.

A questão do ócio criativo tem que ser associada ao mecanismo e formas de manutenção, sustentação econômica dos trabalhadores privados de trabalho em face da revolução tecnológica. Nossos sistemas de proteção social e tributário foram elaboradas com mecanismos e engrenagens próprias da sociedade industrial. Necessitando de severos ajustes ou mesmo substituição por outros modelos.

A taxação do futuro da proteção social necessita que o Estado redesenhe as políticas tributárias principalmente quanto à sua concretização e eficácia.

O ócio criativo só será possível se houver garantia da manutenção dos mínimos vitais e a inserção de novos mecanismos de financiamento. Dentre eles são apontados a tributação verde (*green tax*(5)) e a tributação dos robôs (*robotax*).

O Green Tax conforme apresenta Oliveira Netto(6) é um tributo ecológico típico originado de um impacto ambiental negativo específico comprovado através do nexo causal gerado entre a unidade física e a degradação ambiental. E atuaria como instrumento de mitigação da diminuição do fator labor base de financiamento do sistema de proteção social.

---

(5) A tributação ambiental, também conhecida como tributação verde inclui uma ampla gama de encargos legislativos sobre empresas e particulares, com o objetivo de reduzir práticas que causam danos ao meio ambiente. Existem muitas formas de se efetivar a tributação verde seja pela via da penalização daqueles que emitem produtos químicos nocivos ou pela via da recompensa daqueles que adotem práticas amigas do ambiente seja ele natural, urbanístico, paisagístico e laboral.

(6) OLIVEIRA NETTO, Alexandre de. *Compatibilidade de um tributo ambiental com o sistema tributário nacional.* 2014. Dissertação (Mestrado em Direito Econômico e Financeiro) — Faculdade de Direito, Universidade de São Paulo, São Paulo, 2014. Disponível em: <https://teses.usp.br/teses/disponiveis/2/2133/tde-13022015-140319/pt-br.php>. Acesso em: 22 jun. 2021.

Em relação ao robotax Robert Kovacev[7] destaca que a esta nova forma de tributar é diferente de se tributar toda e qualquer inserção tecnológica pelas empresas:

A princípio, oportuno enfatizar que o uso da tributação, como ferramenta proteção do trabalhador em face da automação, não deverá corresponder a uma automática incidência tributária sobre todo e qualquer processo de inserção tecnológica pelas corporações. A implementação dessa política necessariamente deverá partir da decisão de quem serão seus contribuintes: (a) Empresas que manufaturam e produzem robôs; (b) Empresas que adquirem e empregam os robôs em seus processos produtivos; (c) contribuintes que adquirem mercadorias produzidas por robôs?

Importante destacarmos que a disruptura gerada pela Revolução 4.0 também afeta nosso sistema tributário (uma vez que concebido no ambiente de sociedade industrial e baseado na tributação de pessoas, bens e serviços). Uma das consequências perceptíveis é a queda sensível na arrecadação decorrente da substituição do ser humano pelos robôs. Lembrando que no Brasil conquanto tenhamos pluralidade de fontes de financiamento da seguridade social, parte sensível da manutenção do sistema de proteção social ainda advém da base de financiamento folha de salários e demais rendimentos prevista no art. 195, I, *"a"*, da Constituição Federal de 1988.

Aqui chegamos no ponto central de nossa reflexão. É possível a tributação dos robôs? E aqui não se está a falar da tributação de quem detém a posse/propriedade dos robôs. Como realizá-la? Qual o modelo a ser adotado?

No ambiente do Direito Tributário a conceituação é de vital importância. Assim precisamos investigar qual a diferença entre máquina e robô.

No Brasil o primeiro ato normativo a trazer definição do que é sistema foi o Decreto n. 8.234/2014, revogado pelo Decreto n. 9.854/2019 que em seu art. 1º definia que são considerados sistemas de comunicação máquina a máquina os dispositivos que, sem intervenção humana, utilizem redes de telecomunicações para transmitir dados a aplicações remotas com o objetivo de monitorar, medir e controlar o próprio dispositivo, o ambiente ao seu redor ou sistemas de dados a ele conectados por meio dessas redes.

Destacamos ainda que o Decreto n. 9.854/2019 institui o Plano Nacional de *Internet* das Coisas (IoT) com a finalidade de implementar e desenvolver a *internet*

(7) *"At first, it is opportune to emphasize that the use of taxation, as a tool to protect workers in the face of automation, should not correspond to an automatic tax incidence on any and all technological insertion process by corporations. The implementation of this policy must necessarily be based on the decision of who will be its contributors: (a) Companies that manufacture and produce robots; (b) Companies that acquire and employ robots in their production processes; (c) taxpayers who purchase goods produced by robots?"* (KOVACEV, Robert. A Taxing Dilemma: Robot Taxes and the Challenges of Effective Taxation of AI, Automation and Robotics in the Fourth Industrial Revolution. *Ohio State Technology Law Journal*, v. 16. n. 01, 2020, p. 197).

das Coisas no País e, com base na livre concorrência e na livre circulação de dados, observadas as diretrizes de segurança da informação e de proteção de dados pessoais.

O art. 2º do Decreto n. 9.854/2019 esclarece o que se considera internet das coisas, coisas, dispositivos e serviço de valor adicionado. Vale a pena sua transcrição.

> Art. 2º Para fins do disposto neste Decreto, considera-se:
>
> I - Internet das Coisas — IoT — a infraestrutura que integra a prestação de serviços de valor adicionado com capacidades de conexão física ou virtual de coisas com dispositivos baseados em tecnologias da informação e comunicação existentes e nas suas evoluções, com interoperabilidade;
>
> II - coisas — objetos no mundo físico ou no mundo digital, capazes de serem identificados e integrados pelas redes de comunicação;
>
> III - dispositivos — equipamentos ou subconjuntos de equipamentos com capacidade mandatória de comunicação e capacidade opcional de sensoriamento, de atuação, de coleta, de armazenamento e de processamento de dados; e
>
> IV - serviço de valor adicionado — atividade que acrescenta a um serviço de telecomunicações que lhe dá suporte e com o qual não se confunde novas utilidades relacionadas ao acesso, ao armazenamento, à apresentação, à movimentação ou à recuperação de informações, nos termos do disposto no art. 61 da Lei n. 9.472, de 16 de julho de 1997.

Podemos aprioristicamente entender que o robô é dotado de autonomia, capacidade de aprendizado e interação com outros robôs e capacidade de tomar decisões. Assim, poderíamos dizer que o robô é uma máquina dotada de inteligência artificial e com capacidade para interpretar dados externos, aprender a partir desses dados e utilizar essa aprendizagem para atingir objetivos e cumprir tarefas específicas, através de adaptação flexível que a permite tomar decisões de forma autônoma.

O robô pode ter capacidade contributiva? Ou seja pode o robô ser definido como pessoa colocada na posição de destinatário legal tributário para suportar a carga tributária, numa obrigação cujo objeto é o pagamento de tributo ?

Utilizaremos como referencial teórico o conceito de capacidade contributiva da Profª. Regina Helena Costa[8]:

> O conceito de capacidade contributiva, ainda que o termo que o expressa padeça da ambiguidade e da imprecisão características da linguagem do direito positivo, pode ser singelamente definido como a aptidão da pessoa colocada na posição de destinatário legal tributário para suportar a carga tributária, numa obrigação cujo objeto é o pagamento de imposto, sem o perecimento da riqueza rastreadora da tributação.

---

(8) COSTA, Regina Helena. *Princípio da Capacidade Contributiva*. 3. ed. rev. e atual. São Paulo: Malheiros, 2003. p. 107.

Destacamos ainda que o princípio da capacidade contributiva tem como finalidade a concretização do ideal de justiça fiscal. A justiça fiscal está atrelada com a justiça social, uma vez que com a concretização da justiça fiscal efetivar-se-á a justiça social.

A justiça fiscal como ônus tributário permite a adequada distribuição de encargos/ônus entre os integrantes da sociedade contribuindo para diminuição das desigualdades socais e redistribuição de renda, sendo instrumento de cidadania.

No contexto da Revolução 4.0 a tributação dos robôs se impõe como decorrência da justiça fiscal. Permitindo que os recursos obtidos sejam direcionados para a proteção social daqueles que não tem acesso ao trabalho.

Para permitir tal incidência há de se dotar os robôs de personalidade jurídica. Analogicamente lembramos que as empresas que são tributadas são ficção jurídica. Ganhando exponencial importância a definição do que é robô.

A pessoa jurídica (de direito privado ou de direito público) consiste em complexo de direitos e obrigações, dotado de personalidade própria, de individualidade, reconhecida pela legislação e que, por definição, não se confunde com a pessoa natural. Podendo a legislação equiparar os robôs às pessoas jurídicas para fins tributários como estratégia tributária visando a obtenção de recursos para que o estado obtenha recursos para cumprir suas finalidades ontológicas bem como para obtenção de recursos para financiar o sistema de seguridade social que abrange as áreas de saúde, assistência social e previdência social).

No caso do Brasil como ainda estamos vivenciando a Revolução 4.0 a legislação tributária poderia ser utilizada como forma de criação de medidas inibitórias ou desestimuladoras da substituição da mão de obra humana pelos robôs em larga escala, enquanto concomitantemente desenvolver-se-iam mecanismos e programas de criação de novas capacitações para os trabalhadores. Esta ação é imprescindível posto que trabalhadores que exerciam trabalhos repetitivos e com baixa qualificação precisarão ser recapacitados e requalificados para que venham a ocupar um emprego que exija alto grau de conhecimento e qualificação.

Em 2017 a Coréia do Sul editou lei que reduzia os benefícios fiscais à indústria de automação por entender que o país já se encontrava em um patamar satisfatório de desenvolvimento. O governo do presidente Moon Jae-in da Coréia do Sul anunciou planos para reduzir gradativamente e extinguir até 2019 os incentivos fiscais oferecidos a empresas que investem em automação. A lei atual permite às companhias deduzir entre 3% e 7% do investimento feito em robôs industriais, como forma de aumentar a produtividade da economia do país. A administração federal manifestou a intenção de reduzir o incentivo em até 2% até 2019, quando ele seria extinto.

Os modelos de tributação dos robôs poderiam adotar a tributação fixa com base na renda presumida que poderia ser gerada por cada um ou ainda pela adoção de modelo que efetive a tributação indireta em decorrência do valor gerado pelo robô e auferível para fins econômicos e tributários.

Qual o modelo a ser adotado no Brasil? O da tributação dos robôs ou o modelo das medidas inibitórias ou desestimuladores da indústria de automação como instrumento extra fiscal?

Só o futuro nos dirá. Por enquanto as discussões ainda são bem incipientes. O certo é que a presença dos robôs e sua expansão é inexorável, mudando radicalmente o mercado de trabalho e a forma como se obtém recursos para o financiamento da proteção social a quem dela necessitar.

Referências bibliográficas:

ALVIM, J. Eduardo Alvim. A 'indústria 4.0" e a sustentabilidade do modelo de financiamento do Regime Geral da Segurança Social. In: *Cadernos de Dereito Actual*, n. 05, 2017.

BAUMAN, Zygmunt. *Globalização:* as consequências humanas. Rio de Janeiro: Zahar, 1999.

COSTA, Regina Helena. *Princípio da Capacidade Contributiva.* 3 ed. rev. e atual. São Paulo: Malheiros, 2003.

KOVACEV, Robert. A Taxing Dilemma: Robot Taxes and the Challenges of Effective Taxation of AI, Automation and Robotics in the Fourth Industrial Revolution. *Ohio State Technology Law Journal*, v. 16. n. 01, 2020.

OLIVEIRA NETTO, Alexandre de. *Compatibilidade de um tributo ambiental com o sistema tributário nacional.* 2014. Dissertação (Mestrado em Direito Econômico e Financeiro) — Faculdade de Direito, Universidade de São Paulo, São Paulo, 2014. Disponível em: <https://teses.usp.br/teses/disponiveis/2/2133/tde-13022015-140319/pt-br.php>.

Tributação das Empresas de Apostas *On-Line* para Custeio de Aposentadoria de Atletas Medalhistas

Tatiana Conceição Fiore de Almeida[1]

Resumo: As apostas esportivas pela *internet* já são realidade no Brasil, porém ainda não são legalizadas no país, algumas estimativas sugerem que este mercado já movimenta bilhões, sem qualquer controle das autoridades brasileiras. Ocorre que a Lei Pelé pode sofrer alterações que vão impactar o Sistema Financeiro e Atuário da Previdência Social como a criação de uma aposentadoria especial para atletas olímpicos e paraolímpicos, com a destinação de parte do dinheiro arrecadado com apostas online para o esporte, em caso de uma regulamentação das apostas no Brasil, o que ainda não aconteceu. Pergunto: Qual a necessidade de se regulamentar um mercado que já está em pleno funcionamento, mesmo na informalidade? E qual o impacto dessa regulamentação para a previdência e para a sociedade?

Palavras-chave Apostas Esportivas On-Line, Regulação, Contribuição Social para Aposentadoria de Atletas.

Introdução

O Projeto de Lei do Senado n. 68, de 2017 visa criar aposentadoria para atletas, que, ao longo de suas carreiras, conquistaram medalhas olímpicas ou paraolímpicas, e "um seguro-desemprego" totalmente assistencialista que vai onerar drasticamente os cofres do Sistema Previdenciário,

Mas, segundo o texto, trata-se de um "reconhecimento do Estado brasileiro", e para tanto impõem a regulamentação dos jogos de azar, e casa de aposta esportivas, para obter receitas para o pagamento destes benefícios, que deverão através de uma Emenda Constitucional criar um Fundo para gerir.

---

(1) Advogada Consultiva. Doutorando em Direito Constitucional pela Universidade de Buenos Aires — UBA. C.E.O. do Instituto Técnico e Científico Tatiana Fiore d'Almeida — ITC.TFA. Professora. Articulista, Idealizado e Organizadora de Eventos Jurídicos, Articulista/Investigadora da equipe internacional Latin-Iuris (Instituto Latinoamericano deInvestigación Y Capacitación Jurídica) e Representante Brasil Cielo Laboral.

Ocorre que não há consenso dentro do Congresso Nacional sobre a aprovação ou não da legislação que trata sobre a regulamentação de jogos de azar ou de fortuna. Não é mais novidade que a regulamentação das apostas esportivas pode trazer consideráveis receitas para o Brasil. Porém, juntamente com isso, surge uma enorme responsabilidade para entregar uma regulamentação sólida e baseada nas melhores práticas internacionais, pois o posicionamento contrário argumenta que as empresas de jogos de azar podem ser usadas para lavagem de dinheiro, haverá custos de fiscalização e impacto na seguridade social de modo que os custos podem ser maiores que as receitas, com o risco de problemas sociais que o jogo pode causar.

Ademais, estão contando com o ovo antes da galinha, e não havendo regulamentação, quem pagará o pato?

Existe ainda a necessidade de pensar a tríade tributada, e nas desonerações oferecidas ao desporto, principalmente porque a Lei alberga todas as modalidades esportivas.

Qual a necessidade de se regulamentar um mercado que já está em pleno funcionamento, mesmo na informalidade? E qual o impacto dessa regulamentação para a previdência e para a sociedade?

1. Cenário regulatório das apostas no Brasil

No Brasil os jogos de azar foram proibidos por força do Decreto-lei n. 9.215, de 30 de abril de 1946, que restaurou a vigência do art. 50 e seus parágrafos da Lei das Contravenções Penais — Decreto-lei n. 3.688, de 3 de outubro de 1941 —, que dispunha sobre a exploração de jogos de azar em lugar público ou acessível ao público, e conceitua jogos de azar.

Jogos de azar é o jogo em que o ganho e a perda dependem exclusiva ou principalmente da sorte; as apostas sobre corridas de cavalos fora de hipódromo ou de local onde sejam autorizadas e as apostas sobre qualquer outra competição esportiva.

A proibição dos jogos de azar no Brasil foi estabelecida por força do Decreto-lei de 1946, assinado pelo presidente Eurico Gaspar Dutra sob o argumento de que o jogo é degradante para o ser humano, nocivos à moral e aos bons costumes, fechando todos os cassinos que operavam no solo nacional e tais estabelecimentos se tornaram ilegais.

Desta feita, qualquer aposta sobre competição desportiva seria passível de punição, no caso, a pena cominada seria de prisão simples, de três meses a um ano, e multa, de dois a quinze contos de réis, estendendo-se os efeitos da condenação à perda dos móveis e objetos de decoração do local.

É preciso destacar que a lei continua vigente e, consequentemente, jogos de azar continuam proibidos no Brasil.

O que motiva os vários questionamentos como tantas personalidades icônicas do cenário dos e-sports apostando nos resultados dos jogos abertamente.

Notem que o fato de a aposta ser realizada no ambiente virtual, ou seja, por meio da *internet* é o fator-chave que permite o atual cenário de apostas nos e-sports.

É preciso reconhecer que os tempos mudaram e a lei tornou-se retrógrada, o que faz com que a redação da Lei das Contravenções Penais que dispõe sobre jogos de azar não seja muito clara para lidar com as situações da atualidade, principalmente quando se considera o surgimento da *internet*, situação que não poderia ser vislumbrada à época da assinatura do decreto de 1946.

O que nos permite um reenquadramento social, subdividindo as apostas[(2)] em:

a) Apostas legais,

b) Apostas ilegais; e

c) Vácuo legislativo, visto que não há uma regulamentação clara.

É exatamente nesse vácuo legislativo sobre apostas online, que recai a notar a modificação do § 2º, do art. 50, da Lei das Contravenções Penais, pela Lei n. 13.155, de 2015, que passando a dispor que incorre em pena de multa, de R$ 2.000,00 (dois mil reais) a R$ 200.000,00 (duzentos mil reais), quem é encontrado a participar do jogo, ainda que pela internet ou por qualquer outro meio de comunicação, como ponteiro ou apostador.

1.1. Princípio da territorialidade e site hospedado no exterior

Aqui existe uma brecha interpretativa de que incorre na contravenção o local, físico ou virtual, que promova apostas no território brasileiro bem como o indivíduo que apostar nesses locais, porém, se o site estiver hospedado em um servidor no exterior, o apostador não estaria incorrendo em crime algum.

O entendimento Penal adota o princípio da territorialidade, pelo qual se aplica a lei brasileira ao crime cometido em território nacional.

Este princípio consagrado no art. 5º, do Código Penal, é considerado pelo art. 2º, da Lei das Contravenções Penais, segundo o qual a lei brasileira só é aplicável à contravenção praticada em território nacional.

---

(2) Apostas legais, aquelas loterias controlada pela Caixa Econômica Federal e as corridas de cavalo organizadas em hipódromos autorizados; Apostas ilegais, as conduzidas em cassinos; e o vácuo legislativo, as apostas esportivas feitas em ambiente virtual — *e-esport*.

Só por amor ao debate, o Código Penal traz exceções ao princípio da territorialidade, no qual crimes cometidos no exterior ficam sujeitos à lei brasileira — art. 7º, do Código Penal —, contudo, tais exceções restringem-se a crimes, de sorte que a extraterritorialidade não se aplica às contravenções penais praticadas em território estrangeiro, haja vista a delimitação territorial da jurisdição brasileira imposta.

O que penalmente falando não há vedação imposta às apostas online, já que essas são efetuadas através de sites estrangeiros de apostas, e nesta questão, a aposta reputa-se constituída no local onde o site é sediado, devendo a legislação do país determinar a legalidade do ato, independentemente das disposições da lei brasileira.

Em 12 dezembro de 2018, foi sancionada a Lei n. 13.756, legalizou a ocorrência de apostas esportivas, desde que com quota fixa, ou seja, com predefinição de ganho em caso de sucesso na aposta.

De acordo com tal diploma legal, a atividade econômica das apostas esportivas poderá ser explorada pela iniciativa privada em ambiente concorrencial, o que proporcionará diversos benefícios ao Brasil, tais como atração de investimento estrangeiro, geração de empregos e arrecadação de impostos pelo Estado. No entanto, tais benefícios apenas se materializarão efetivamente se a regulamentação da atividade for feita de maneira eficaz e observando as melhores práticas internacionais.

No entanto, apesar do avanço, o mercado de apostas esportivas, ainda não apresenta uma regulamentação por parte do Ministério da Fazenda, que tem como prazo findo dezembro de 2022 e, enquanto não é realizada tal regulação, os sites estrangeiros continuam dominando o mercado das apostas esportivas no Brasil.

Inicialmente, haveria captação de recursos de apostadores brasileiros que poderiam ter destinos como, a seguridade social, 0,5% (cinco décimos por cento) em meio físico, e 0,25% (vinte e cinco centésimos por cento) em meio virtual, entre outros, conforme redação inaugural art. 30, da Lei n. 13.756/2018, que trata sobre a destinação do produto da arrecadação da loteria, caso regulamentada fosse.

Com a regulamentação disposta pela Lei n. 14.183, 14 de julho de 2021, o art. 30, da Lei n. 13.756, de 2018, foi alterado, e o produto da arrecadação da loteria de apostas de quota fixa em meio físico ou virtual destinado ao pagamento de contribuição para a seguridade social incidente sobre o produto da arrecadação às alíquotas de 0,10% (dez centésimos por cento), no caso das apostas em meio físico; e de 0,05% (cinco centésimos por cento), no caso das apostas em meio virtual.

1.1.1. Comentário ao veto que acresce o § 5º, ao art. 30, da Lei n. 13.756

Art. 6º do Projeto de Lei de Conversão, na parte em que acresce o § 5º ao art. 30 da Lei n. 13.756, de 12 de dezembro de 2018.

> "§ 5º Sem prejuízo da contribuição para a seguridade social de que trata o inciso IV do *caput* deste artigo, o montante destinado ao pagamento de prêmio e ao recolhimento

do imposto de renda incidente sobre a premiação não comporá a base de cálculo das contribuições sociais do art. 195 da Constituição Federal devidas pelos agentes operadores."

As Razões do veto que trata da propositura legislativa dispõe que, sem prejuízo da contribuição para a seguridade social de que trata o inciso IV do *caput* do art. 30 da Lei n. 13.756, de 12 de dezembro de 2018, o montante destinado ao pagamento de prêmio e ao recolhimento do Imposto sobre a Renda incidente sobre a premiação da loteria de apostas de quota fixa não comporá a base de cálculo das contribuições sociais previstas no art. 195 da Constituição devidas pelos agentes operadores.

Entretanto, embora se reconheça a boa intenção do legislador, a proposição legislativa, ao excluir determinada parcela auferida pelos agentes operadores da base de cálculo de tributos que não incidem sobre a receita ou o faturamento — a exemplo de contribuições que incidem sobre a folha, o lucro ou o salário de contribuição —, contraria o interesse público por gerar insegurança jurídica, tendo em vista que a redação dada a esse dispositivo poderia implicar interpretações equivocadas.

Ademais, o dispositivo do Projeto de Lei de Conversão confere tratamento desigual entre contribuintes que se encontram em situação equivalente, em descumprimento ao disposto no inciso II do caput do art. 150 da Constituição, tendo em vista que não se vislumbra critério de distinção que justificaria o tratamento diferenciado, especialmente se for considerada a legislação de regência das contribuições para o Programa de Integração Social – PIS e para o Programa de Formação do Patrimônio do Servidor Público – Pasep e da Contribuição para o Financiamento da Seguridade Social – Cofins.

1.2. Limitação da regulamentação das casas de apostas

A essa altura você deve estar se questionando por que legalizar apenas uma modalidade de jogo de azar e manter as demais na ilegalidade? E o que tudo isso tem a haver com a previdência?

Sobre a limitação dos jogos legalizados, o principal objetivo da regulamentação das apostas esportivas é atrair os apostadores brasileiros, que atualmente utilizam operadores não licenciados, para o mercado legal e regulamentado. Consequentemente, manter os demais jogos de azar proibidos acaba por dar mais força ao mercado ilegal.

Pensem comigo, suponha que a empresa de aposta esportiva, após a regulamentação, abra uma filial em território brasileiro, cumpra todas as burocracias, respeite os parâmetros legais impostos e obtenha uma licença para operar.

E o Brasil apenas legalizou as apostas esportivas, os produtos que essa empresa pode oferecer aos consumidores brasileiros em seu site ficam restritos. Por outro lado, a empresa de aposta esportiva decidir não obter uma licença no Brasil, seu *site*, permanecerá ativo e disponível em diversos países — inclusive no Brasil — e, além de apostas esportivas, poderá oferecer: bingo, roleta, Black Jack, cassino, loteria, corridas de cavalo, etc.

A margem de lucro canalizada pela venda desses produtos proporcionará à empresa de aposta esportiva em site estrangeiro, o oferecimento de melhores '*odds*' nas apostas esportivas se comparada com a empresa de aposta esportiva sediada em território nacional, acarretando no fortalecimento do mercado ilegal.

O que ocorre é que não temos um estudo social do impacto que essa regulamentação ilimitada vai acarretar como aumento de exploração sexual, tráfico de entorpecentes, trabalho em condições análoga a escravo, etc. não há uma conjectura desse reflexo nas taxas de fecundidade, adoecimento ou de mortalidade; tampouco do impacto desta Elisão Fiscal e das grandes válvulas existentes que permitem a elisão de contribuições previdenciárias para o INSS, o não recolhimento de Fundo de Garantia e do Seguro contra Acidente no Trabalho.

Mas, em matéria previdenciária esse tema vai muito além, pois o PL que altera a Lei Pelé, prevê uma nova categoria de Bolsa Atleta — programa de auxílio aos esportistas de alto rendimento, a proposta visa criar uma aposentadoria para atletas, que, ao longo de suas carreiras, conquistaram medalhas olímpicas ou paraolímpicas, que avalia como corrente com mais força na Casa dos Deputados que o benefício seja pago com dinheiro arrecadado em impostos das empresas de apostas online, uma tributação que ainda não existe no Brasil. Outra alternativa em discussão é a criação de um fundo, com a aposentadoria sendo paga pelo próprio governo federal.

2. Acepção de apostas esportivas

A regulamentação deve primeiramente esclarecer qual modalidade de apostas esportivas estará legalizado para exploração no Brasil. Pois, pela definição dada pela Lei n. 13.756, de 2018, no art. 29, parágrafo 1º, trata da modalidade lotérica que consiste em sistema de apostas relativas a eventos reais de temática esportiva, em que é definido, no momento de efetivação da aposta, quanto o apostador pode ganhar em caso de acerto do prognóstico.

Essa definição dá margem a diferentes interpretações das atividades que se encaixariam nesse perfil ou não. A ausência de uma definição clara certamente trará incerteza ao mercado brasileiro, vez que existem atividades exploradas internacionalmente que são consideradas "apostas esportivas", mas no Brasil podem não ser. Por exemplo:

a) O *Trading* Esportivo — modalidade *exchange* ou "bolsa de valores esportiva" — é um produto de enorme relevância na indústria de *gambling* internacional.

Porém, pela definição dada às apostas de quota-fixa pela lei, não está claro se esta modalidade seria abarcada pela regulamentação.

b) O *Football Index* — a "bolsa de valores de atletas", onde os entusiastas compram "ações" dos atletas visando a sua valorização futura para além de um evento esportivo pontual. Por não haver uma definição de cota fixa, exatamente por não haver um prognóstico ou um evento esportivo pontual —, não se sabe como o Ministério da Economia enxergará tal atividade.

c) As *Loot Boxes*, pacotes de atletas que podem ser comprados mediante prestação financeira real dos *gamers* — nos quais prevalece a aleatoriedade e incerteza dos atletas adquiridos, tal como uma *slot machine* —, têm sido consideradas jogos de azar e sofrido duras críticas na indústria de *gambling*, principalmente por serem oferecidas a menores de idade. Exemplo, a *EA Sports*, produtora da franquia FIFA, e as micro transações efetuadas dentro da modalidade *Ultimate Team do Game,* motivo pelo qual responde a inúmeros processos em países como Estados Unidos, França e Bélgica[(3)] No Brasil, a funcionalidade permanece liberada, inclusive para menores de idade.

Ante o exposto, é cediça que o principal interesse da legalização é a arrecadação de receitas fiscais pelo Estado, o qual está ciente de que as apostas esportivas já são uma indústria existente e estabelecida no Brasil.

3. Dinâmica da tributação

É de suma importância compreender que a tributação deve acomodar três partes principais: Estado, operadores de apostas e apostadores. Se uma delas demasiadamente onerada, o sistema todo implode.

Digo isto, pois, uma alta tributação sobre a atividade afastará operadores de apostas em obterem licenças e se estabelecerem no Brasil e também apostadores de utilizarem empresas licenciadas em território brasileiro.

O Direito Tributário segue o princípio no 'non olet', que reza que não importa a origem do dinheiro do contribuinte, e nem se atividade tributada é licita ou não, será cobrado nesses casos Imposto de Renda sobre os rendimentos obtidos com apostas online no exterior, tal valor é ínfimo perto dos benefícios que poderiam ser obtidos caso as apostas acontecessem aqui no Brasil — ainda mais se considerarmos não apenas os impostos que incidiriam sobre as empresas de aposta, mas também a geração de empregos e todo o valor que deveria ser revertido para a sociedade como produto da arrecadação da loteria.

(3) Neste País está bloqueado a venda de tal produto em seu território. Disponível em: <https://www.videogameschronicle.com/news/ea-faces-a-class-action-lawsuit-over-ultimate-team-loot-boxes/>.

3.1. Tributação do operador de apostas

Para compreender a tributação do operador de apostas, é preciso distinguir a tributação sobre o *turnover* e sobre o *Gross Gaming Revenue* (GGR).

O *turnover* é a arrecadação total do operador, ou seja, a soma de todas as apostas efetuadas pelos consumidores, independentemente do resultado final do prognóstico.

O *Gross Gaming Revenue*, por sua vez, é o lucro bruto do operador, isto é, a arrecadação total do operador deduzido os prêmios distribuídos aos apostadores que obtiveram resultados favoráveis em suas apostas.

Considerando a melhores práticas da experiência internacionais, o Reino Unido, a Espanha, a Dinamarca, entre outros países, mostram que a tributação sobre o *Gross Gaming Revenue* é a mais favorável para o desenvolvimento da indústria de *gambling*.

Ocorre que a regulamentação no Brasil estava indicando uma tributação sobre o *turnover*, se inspirando em muito no modelo português — considerado pela indústria internacional um fracasso em seus objetivos, visto que mais da metade dos apostadores portugueses continuaram utilizando o mercado ilegal não licenciado[(4)].

Através da Lei n. 14.183, de 14 de julho de 2021, o governo regulamentou a Lei n. 13.756, de 2018, e definiu que a base de cálculo para tributação exclua os prêmios pagos aos apostadores, adotando, assim, a tributação sobre o *Gross Gaming Revenue*.

3.2. Tributação do apostador

Já a tributação sobre o apostador, tem fundamento no art. 31, da Lei n. 13.756/2018, que dispõe sobre os ganhos a partir de R$1.903,99 obtidos com prêmios pelos apostadores incidirá imposto de renda na razão de 30% (trinta por cento), mediante desconto na fonte pagadora, ou seja, da mesma forma que são tributados os prêmios das loterias.

Aqui temos que tecer uma observação, no que se refere a equiparação das apostas esportivas à loteria convencional. Isso porque, enquanto na loteria convencional as *odds*, enseja a probabilidade de um evento acontecer com cotas fixas e imutáveis — baseado pura e simplesmente na sorte —, as *odds* nas apostas esportivas são variáveis, definidas por humanos, isto é, os chamados *oddmakers*, que se baseiam em estatísticas e em fatores circunstanciais que rodeiam o evento específico para definir seu preço.

É o que diferenciar o apostador recreativo, aquele que faz uma "fézinha", do apostador profissional que estuda profundamente as probabilidades para aquele evento esportivo ocorrer e a precificação conferida pelos *oddmakers*, de modo a permitir

(4) Disponível em: <http://bnldata.com.br/mais-da-metade-dos-apostadores-online-de-portugal-jogam-em-sites-ilegais/>.

auferir consideráveis valores no longo prazo, isto é, o *Return Over Investment (ROI),* e esse resultado financeiro do investimento seja ele positivo ou negativo é um fator que não foi levado em conta quando equiparou-se a atividade a uma loteria convencional.

Considerando que na precificação de uma chance oferecida por um operador já estão incluídos os custos, despesas e tributos a serem suportados pela empresa, temos que o operador indiretamente repassa tais encargos ao apostador, e a tributação também sobre os prêmios do apostador seria considerada um ônus muito alto para ser suportado pelos mesmos, porque é tributado "nas duas pontas", seria uma bitributação uma medida excessiva, capaz de afastar muitos do mercado legal.

A Tese defendida pelos apostadores, de serem tributados como investidores, apenas por seus lucros efetivos, de forma a declararem periodicamente seus ganhos e prejuízos, entendo ser desarrazoada, pois de todo exposto em breve análise, ao traçarmos um paralelo entre a Lei n. 8.981, de 1995 e a Lei n. 9.779, de 1999, restará evidente que por expressa exclusão temporal o imposto de renda incidente de operações sobre os rendimentos de aplicações financeiras de renda fixa ou variável, não era retido na fonte, isto é, encontrava-se diferido para a declaração de ajuste, após balanço final e dedução dos prejuízos. E passa a ser por opção do próprio legislador, ao definir que a incidência do imposto sobre a renda na fonte, será calculada estritamente em diretrizes da política fiscal.

3.3. Tributação das Empresas

O Projeto de Lei do Senado n. 186, de 2014 é o projeto de lei em estágio mais avançado no Congresso Nacional atualmente, mesmo após ser rejeitado pela Comissão de Constituição e Justiça (CCJ) do Senado Federal em março de 2018, porém, mesmo com a rejeição na CCJ o projeto seguirá ao Plenário para uma votação definitiva, ainda sem data para ocorrer.

Entre os principais pontos o projeto de lei estabelece tributação entre 50% e 70% dos recursos arrecadados seja distribuído em premiação aos jogadores., e cria a "contribuição social" das empresas que vão explorar os jogos.

A Contribuição Social sobre Receita de Concursos de Prognósticos estabelecendo alíquota de 10% sobre a receita bruta para estabelecimentos físicos e 20% sobre a receita bruta para a exploração de jogos *on-line*. Porém, não define o que é a receita bruta dos concursos de prognóstico.

O PL diz que a contribuição será mensal, e que da arrecadação dos estabelecimentos físicos credenciados, excluído o valor das premiações, 10% dos recursos irá para a União; e da arrecadação das empresas que irão ofertar jogos online, sem contar com o valor dos prêmios, 15% irá para o governo federal. Do montante arrecadado, 30% serão entregues a Estados e ao Distrito Federal e outros 30% aos Municípios. Os recursos serão aplicados obrigatoriamente em saúde, previdência e assistência social.

3.4. Projeto de Lei n. 442, de 1991 tramita na Câmara dos Deputados

Pronto para votação no Plenário da casa, apenas remete a criação de Lei Complementar que instituirá contribuição social que incidirá sobre os jogos de fortuna.

Porém, define receita bruta como o correspondente à diferença entre o total das apostas efetuadas e o total dos prêmios pagos.

4. Aposentadoria de atletas medalhistas olímpicos e paraolímpicos

A Lei n. 9.615/98, conhecida popularmente como Lei Pelé, poderá passar por mudanças importantes, a Comissão de Esporte na Câmara dos Deputados aventa uma série de alterações por meio do Projeto de Lei n. 1.153, de 2019, tais como a criação de uma aposentadoria especial para atletas olímpicos e paraolímpicos, e a destinação de parte do dinheiro arrecadado com apostas online para o esporte, entre outros.

Primeiramente é preciso conceituar atleta profissional, que é a pessoa que exerce atividade esportiva mediante remuneração, com pagamento de salário e assinatura de contrato formal de trabalho para uma entidade ou clube esportivo.

O atleta profissional tem praticamente os mesmos direitos que os demais trabalhadores, auxílio por incapacidade temporária, e permanente, aposentadoria por idade, aposentadoria por tempo de contribuição e aos outros benefícios do INSS.

A celeuma surge exatamente aqui, pois, o atleta profissional não tem direito a aposentadoria especial, até houve a tentativa de conceder este benefício para os atletas de alto rendimento, porém o Projeto de Lei Complementar n. 16/2015 não foi para frente, pois possibilitaria o pedido sem a comprovação de atividade prejudicial à saúde.

Segundo ponto fundamental é compreendermos a contextualização histórica, pois a Legislação de 1975 instituiu o Fundo de Assistência ao Atleta Profissional, que financiaria as Associações de Garantia ao Atleta Profissional (Agaps). Porém, é a Lei Zico, de 1993, que cria o Fundo Nacional de Desenvolvimento do Desporto (Fundesp), com definição de recursos para o sistema de assistência aos atletas. E somente a partir de 1998, com a Lei Pelé, é que a Faap passou a gerir as verbas arrecadadas e a disciplinar os procedimentos para que as assistências social e educacional que pudessem ter continuidade por meio das Agaps.

Esses recursos garantidos em lei diminuíram com as mudanças em 2011 e, mais recentemente, pela Lei n. 14.117, de 2021, que suspendeu o art. 57 da Lei Pelé, parcelamento de dívidas do Programa de Modernização da Gestão e de Responsabilidade Fiscal do Futebol Brasileiro (Profut), que direcionava à Federação das Associações de Atletas Profissionais (Faap) os recursos e a responsabilidade por essa assistência aos atletas e ex-atletas.

Com o fim do aporte, foram relegados à própria sorte imensa parcela de atletas e ex-atletas profissionais, os mais necessitados de auxílios básicos, que têm suas carreiras encerradas precocemente, em média, aos 35 anos de idade. Esses recursos era destinado a bolsas de estudos de todos os níveis de ensino, auxílios alimentação, saúde e até funeral, programas para tratamento de hepatite e outras doenças, pagamento de plano de saúde, ajuda para conquista da aposentadoria, a partir da quitação das parcelas efetuadas junto ao INSS, entre outros benefícios.

4.1. O Projeto de Lei do Senado n. 68, de 2017.

O PLS, trás em seu bojo a entre as condições básicas se impõem, a constituição do Fundo Nacional do Esporte;

O Capítulo III do Título I, em seus arts. 37 a 55 dita as regras relativas ao financiamento público ao esporte, que será fomentado sempre com priorização ao esporte educacional. Define que o fomento das atividades esportivas deve ser realizado mediante cofinanciamento dos três entes federados, mediante fundos do esporte.

E é nesse sentido, que o PLS estabelece o Fundo Nacional do Esporte (FUNDESPORTE), seus objetivos e suas fontes de receita.

Aí encontramos a novidade, na minuta de anteprojeto está na destinação de 10% do montante total arrecadado pela União sobre as atividades de exploração de jogos de azar a serem divididos em proporções que respeitam a divisão histórica empregada para os recursos de loteria para COB, CPB, CBDE e CBDU.

Há ocorrência do termo "jogos de azar", aqui disposta, é o primeiro problema, pois, não poderia a futura lei fruto da aprovação do projeto em análise vincular a uma outra lei.

Note-se, porém, que o anteprojeto não traz disposição concernente à regulamentação dos jogos de azar, e em suposta regulamentação dos jogos de azar, deverá ela dispor sobre a destinação de suas receitas.

E no mínimo desarrazoado pensar que uma lei ainda não aprovada vincule receitas de outra que sequer sabemos será legalizada, em face das múltiplas questões problemática que o jogo de azar traz.

Contudo, caso haja esta previsão, os recursos para o esporte oriundos da área já estariam garantidos.

Com relação à destinação de recursos para as entidades esportivas em decorrência da exploração de concursos de prognósticos e loterias, convém citar a Lei n. 13.756, de 12 de dezembro de 2018, que consolidou em um só texto todas as disposições sobre concursos de prognósticos existentes em diversas leis, o que com base na Emenda n. 3 ao PLS, do Senador Paulo Paim, há pedido para supressão dos dispositivos.

Ocorre que outro problema existe, pois para a criação deste fundo, depende de uma Emenda Constitucional. Então a alternativa a proposta é tributar as apostas como um serviço.

Outo ponto que merece destaque é o art. 93, do PLS, que prevê a criação de programas de transição de carreira destinados aos atletas profissionais, a serem executados diretamente, pelo poder público, ou em parcerias com organizações esportivas.

Esses programas seriam financiados, na forma dos incisos I do § 1º do referido artigo, com o pagamento de 0,5 % (cinco décimos por cento) do salário mensal pago aos atletas e 1% (um por cento) do valor das transferências nacionais e internacionais, a serem pagos pela organização esportiva cedente.

Todos os valores serão recolhidos pelas organizações esportivas, na forma do regulamento.

Por sua vez, o art. 94 institui uma espécie de Seguro Desemprego para os atletas profissionais em transição de carreira, a partir do encerramento de suas atividades, o que equivaleria a um benefício assistencial, calculado com base na média da remuneração dos últimos dois anos, limitada ao teto previdenciário.

Esse valor seria pago da data do requerimento até a véspera do início de qualquer outra atividade remunerada, aposentadoria ou até a data do óbito, com um período máximo de vigência de 48 meses.

Para receber o benefício o atleta deverá ter contribuído por, no mínimo, 60 meses, consecutivos ou não, para a Previdência Social, e realizar reabilitação profissional.

Mesmo os atletas que trabalharem no exterior poderão utilizar o tempo, mediante recolhimento previdenciário, na forma da legislação pertinente.

Trata-se de um benefício generoso de impacto imprevisível nos cofres da Seguridade Social.

Além disso, parece discriminatório em relação aos outros trabalhadores.

Todos sabemos da preocupação com os atletas, no encerramento de suas carreiras, mas quatro anos de auxílio, para pessoas provavelmente jovens, é um exagero evidente, mesmo reconhecendo a dedicação exclusiva ao desporto, em detrimento de outras oportunidades de estudo e carreira.

Ademais, quem cuidará da reabilitação de todos esses milhares de atletas que encerram precocemente suas carreiras, excluídos pela cruel peneira? Além do que, seria preciso uma estimativa dos custos e do eventual aumento da arrecadação, com a aplicação das alíquotas propostas.

Se levarmos em consideração os prazos de contribuição (60 meses) e de possível benefício (48 meses), é fácil perceber que será deficitária essa nova modalidade assistencial.

Melhor, em nosso entendimento, diante desta proposta, é que os atletas continuem beneficiários do Seguro-Desemprego, na forma da legislação vigente, pois, uma generosidade de tal grandeza, ademais, iria estimular a fraude, já que muitos iriam se inscrever como atletas em busca dessa espécie de seguro, por necessitar apenas de recolher 60 prestações, a título de contribuição previdenciária, para que a pessoa pudesse pleitear depois, 48 meses de benefício, com valores que equivalem, talvez, a dez vezes o valor das contribuições mensais vertidas à Previdência Social.

Sem dúvida, seria um ótimo investimento, para pais e patrocinadores de atletas. Esse tema, em nosso entendimento, merece ser estudado com mais profundidade, numa proposta autônoma, pois o benefício previsto no art. 94, do PLS é de difícil execução orçamentária e prática.

Ainda no que se refere à Seguridade Social, o art. 103, do PLS, repete disposições que já constam da legislação previdenciária, mas especificamente nos §§ 6º, 7º, 8º e 9º do art. 22 da Lei de Custeio, n. 8.212, de 1991. A priori, nada de inovador, exceto que a proposta estende a todas as organizações esportivas a faculdade de substituir a contribuição empresarial prevista na legislação, pelo recolhimento de "5 % (cinco por cento) de sua receita bruta, excetuando-se as receitas sociais destinadas ao seu custeio".

Atualmente esse benefício é limitado às associações ligadas ao futebol, inadmitida qualquer dedução. A proposta beneficia a todas as organizações esportivas com o recolhimento patronal sobre a receita bruta e permite a dedução do custeio.

4.2. Tributação das apostas como um serviço

A proposta é tributar as apostas como um serviço, de modo que a semelhança do Imposto Sobre Serviços (ISS), a tributação seria sobre o valor da aposta. Apesar do GGR como base de cálculo ser teoricamente mais atraente, considerações práticas, em especial a facilidade para a arrecadação prevalecem nesta escolha.

Há que se considerar que a legislação brasileira na tributação de serviços usa o faturamento como base de cálculo, como no ISS, mas também na maior parte do PIS/Cofins sobre serviços.

Quanto à alíquota, novamente a semelhança dos serviços, uma alíquota em torno de 8,65% (soma das alíquotas do ISS, PIS, Cofins sobre serviços) ou até 10% parece ser mais adequada. É bastante similar ao que foi proposto no PLS n. 186/2014.

Observem que a alíquota proposta já é relativamente elevada pelos padrões internacionais, de modo que deve ser prevista alguma revisão caso o mercado formal no Brasil não se desenvolva.

Uma possibilidade para o uso dos recursos das loterias de apostas esportivas *on-line* com impacto fundamental sobre a economia brasileira é o de financiar a mudança na tributação do PIS/Cofins.

O PIS/Cofins são dois tributos federais sobre o consumo com receitas significativas, e que estão entre os tributos mais ineficientes da economia brasileira.

O primeiro problema do PIS/Cofins estão o uso de duas sistemáticas de apuração do imposto. Para um grupo de setores, notadamente os serviços, os dois tributos são cumulativos (não geram crédito) com alíquota de 3,65%, enquanto que para outro grupo de setores, principalmente a indústria, os tributos são não cumulativos (geram crédito) com alíquotas agregadas de 9,25%. Com isso, a depender dos setores cumulativos e não-cumulativos que estiverem dentro da cadeia produtiva, cada produto ou serviço no Brasil terá potencialmente uma alíquota de PIS/Cofins diferente e desconhecida.

O segundo problema é que se torna impossível desonerar os investimentos e as exportações, uma vez que não se sabe exatamente quanto de PIS/Cofins incide sobre cada bem.

O terceiro problema esbarra na reforma do PIS/Cofins, que envolve principalmente a passagem de todo o setor cumulativo para o não-cumulativo, bem como o uso do crédito financeiro e não apenas o crédito físico, isto é, o crédito físico permite apenas o aproveitamento do crédito de PIS/Cofins de insumos usados na produção, enquanto que o crédito financeiro permite que qualquer aquisição da empresa, seja para a produção ou não, gere crédito de Pis/Cofins. Com isso, o PIS/Cofins se aproxima de um imposto sobre o valor adicionado, de acordo com as melhores práticas do mundo.

Há, porém, um problema adicional, pois, atualmente a carga tributária do PIS/Cofins é muito maior para o setor não cumulativo do que para o setor cumulativo, o que faz com que na prática o setor de serviços pague menos PISCofins do que a indústria. A mudança do setor de serviços do cumulativo para o regime não cumulativo não deve ensejar aumento de carga tributária, de modo que haverá duas alíquotas não cumulativas — a atual alíquota de 9,25% para a indústria e uma segunda alíquota mais baixa para o setor de serviços, e não resolve todos os problemas de eficiência, já que continua permitindo que bens e serviços tenham duas alíquotas diferentes.

Diante desse rol supramencionado, a sugestão é usar os recursos das apostas esportivas on-line para reduzir a atual alíquota nominal de 9,25% da indústria de modo que ela se aproxime da alíquota que será cobrada do setor de serviços, posto que, alíquotas mais próximas reduzem o impacto da tributação sobre a escolha do consumidor, aumentando a eficiência econômica, através das alíquotas mais baixas.

Considerando a única estimativa disponível para a receita das apostas esportivas *on-line* em caso de regulamentação, de R$ 10 bilhões, de acordo com matéria publicada na revista época[5] em que cita estudo desenvolvido pela FGV para o Ministério do Esporte, é possível inferir que a arrecadação seria em torno de R$ 4 bilhões, sendo R$ 1 bilhão decorrente do tributo de 10% sobre o valor da aposta, conforme proposta de regras gerais para a regulação, e 30% do Imposto de Renda Retido na Fonte sobre os prêmios obtidos.

Explico: As simulações consistem em se promover a reforma do PIS/Cofins, ou seja, passar a base de cálculo dos setores tributados no cumulativo para o consumo, de modo que os setores cumulativo e não-cumulativo passem a ter a mesma base de cálculo.

A variação deve ser neutra do ponto de vista da arrecadação. De tal modo, que a arrecadação do regime cumulativo deve permanecer a mesma após a mudança, de modo que não há qualquer alteração na alíquota.

Note que a alíquota do setor cumulativo é muito inferior a do setor não cumulativo.

Assim, a ideia de reforma do Pis/Cofins deveria igualar as alíquotas dos dois regimes de modo a que a tributação não influenciasse a escolha do consumidor. Isso, porém, implicaria em forte aumento da carga tributária do setor de serviços e de redução de tributos para a indústria e comércio. A reforma do PIS/Cofins aqui analisada não aumenta a carga tributária do setor cumulativo. Portanto, se trata de uma reforma muito distante da ideal, porém pragmática já que não propõe aumento de carga tributária para nenhum setor.

É neste ponto que os recursos arrecadados com as apostas esportivas on-line podem ajudar a melhorar a reforma do PIS/Cofins, já que esses recursos podem ser usados para diminuir a alíquota do atual regime não-cumulativo, reduzindo a diferença entre as duas alíquotas e aumentando a eficiência econômica da reforma. O que a longo prazo só reforça a necessidade de se regulamentar um mercado que já está em pleno funcionamento e se tornou um dos maiores mercados mundiais, mesmo na informalidade.

Considerações

Qual a necessidade de se regulamentar um mercado que já está em pleno funcionamento, mesmo na informalidade? E qual o impacto dessa regulamentação para a previdência e para a sociedade?

---

(5) Disponível em: <https://epoca.globo.com/vida/esporte/noticia/2016/03/esporte-desperdica-r-27-bi-por-nao-regulamentar-apostas-concluiprofessor-da-fgv.html>.

Primeiramente, destaca-se que o foco principal com a regulamentação em qualquer país é a absorção do mercado ilegal para o mercado legal. Essa taxa de canalização, que é o percentual de apostadores que apostam em operadores legalizados (licenciados) no país em oposição aos que apostam em operadores ilegais (não-licenciados), e mesmo que o Brasil regulamente o setor de maneira eficaz, não seria capaz de absorver a totalidade dos valores movimentados para o mercado legal.

Segundo, não posso criar uma lei, impondo a outra a criação de receitas para custear os benefícios criados, ou majorados, ainda mais, quando dependo de um estudo do impacto de consequências orçamentárias para a seguridade social, nos três pilares estruturantes, saúde, assistência e previdência social.

Terceiro, para utilizar as receitas da lei que regulamentam os jogos de azar e casa de apostas, a carga tributária precisa ser equilibrada o suficiente para que não se constitua em barreira a entrada no mercado legal dos operadores, uma vez que diante de uma tributação muito alta, os operadores de apostas esportivas on-line podem preferir não participar do mercado ou até mesmo ficar no mercado ilegal, e o sistema criado pelo Projeto de Lei no Senado que altera a Lei Pelé, já se coloque deficitária, transferindo ao Sistema Previdenciário o ônus.

Isto posto, uma dose de realidade se mostra necessária para afastar a ilusão de que a simples regulamentação da atividade gerará cifras milionárias aos cofres públicos e ao futebol brasileiro. Não há fórmula mágica, muito menos dinheiro fácil.

Com base na teoria econômica e na experiência internacional, e após análise dos projetos de lei que tratam sobre o tema no Congresso Nacional, foram apresentadas sugestões de princípios gerais para a regulação do setor de apostas esportivas *on-line* no Brasil. Há forte recomendação para que este mercado seja regulado no país, pois ele já é uma realidade e opera totalmente a margem das autoridades brasileiras, mas precisa ser amplamente estudado pois, não pode depender exclusiva ou principalmente da sorte para gerar os almejados benefícios ao Brasil.

Referência bibliográfica

Copenhagen Economics. Licensing System for Online Gambling. Disponível em: <https://www.copenhageneconomics.com/dyn/resources/Publication/publicationPDF/8/368/1478078895/copenhagen-economics-2016-licensing-system-for-online-gambling.pdf>.

F. REOLON. Jaques. Reserva técnica: restrição no mercado de apostas esportivas? Disponível em: <https://www.jota.info/opiniao-e-analise/artigos/reserva-tecnica-restricao-no-mercado-de-apostas-esportivas-25022020>.

KELNER, G. F. Sport Betting: *Um Mercado Muito Além da Aposta.* Monografia de Bacharelado, Instituto de Economia da Universidade Federal do Rio de Janeiro – UFRJ, 2016.

MILLAR, S. *Taxation of regulated internet gambling*. Chapter 3 of CABOT, A. and PINDEL, N. Regulating internet gaming: challenges and opportunities.

SECKELMANN, Udo. All-in *para o Brasil:* Como Regulamentar um Multimilionário Mercado de Apostas Esportivas. Disponível em: <https://www.bicharaemotta.com.br/artigos/all-in-para-o-brasil-como-regulamentar-um-multibilionario-mercado-de-apostas-esportivas/>.

UNLV Gaming Press, 2013. PAES, N. L. Reforma tributária: os efeitos macroeconômicos e setoriais da PEC 233/2008. Estudos Econômicos (São Paulo), v. 41, n. 2, p. 487-512, 2011.

Projeto de Lei do Senado n. 68, de 2017. Disponível em: <https://www25.senado.leg.br/web/atividade/materias/-/materia/128465>.

Lei n. 13/756/2018. Disponível em: <http://www.planalto.gov.br/ccivil_03/_Ato2015-2018/2018/Lei/L13756.htm#:~:text=II%20%2D%20a%20consolida%C3%A7%C3%A3o%20dos%20dispositivos,%C3%A0s%20a%C3%A7%C3%B5es%20de%20seguran%C3%A7a%20p%C3%BAblica.&text=Art.,-2%C2%BA%20O%20Fundo>.

Minuta de Decreto disponibilizada em setembro de 2019. Disponível em: <https://web.gamesbras.com/u/archivos/2019/9/13/Minuta_Decreto_Regulamento%20_ApostaQuota%20Fixa.pdf>.

Minuta de Decreto disponibilizada em fevereiro de 2020. Disponível em: <https://www.gamesbras.com/u/archivos/2020/2/18/200218_economia_secap_apostas_quota_fixa_minuta_decreto_11fevereiro2020.pdf>.

PL n. 186/2014 e PL 442/1991. Disponíveis em: <https://www25.senado.leg.br/web/atividade/materias/-/materia/117805 e https://www.camara.leg.br/proposicoesWeb/fichadetramitacao?idProposicao=15460>.

Disponível em: <https://www.videogameschronicle.com/news/ea-faces-a-class-action-lawsuit-over-ultimate-team-loot-boxes/>.

Disponível em: <http://bnldata.com.br/mais-da-metade-dos-apostadores-online-de-portugal-jogam-em-sites-ilegais/>.

Disponível em: <https://www.gamesbras.com/legislao/2020/6/30/dep-evandro-roman-pede-que-premiao-das-apostas-no-integre-produto-da-arrecadao-18165.html>.

Disponível em: <https://www.gov.br/economia/pt-br/assuntos/noticias/2020/02/secap-lanca-consulta-publica-sobre-regulamentacao-de-apostas-esportivas-de-quota-fixa>.

Disponível em: <https://www.gamesbras.com/apostas-online/2020/2/18/governo-brasileiro-comeara-outorgando-so-30-licenas-para-operar-apostas-esportivas-16238.html>.

O Direito ao Esquecimento, a Lei Geral de Proteção de Dados Pessoais (LGPD) e as Relações de Trabalho: Breves Reflexões

Guilherme Guimarães Feliciano(1)
Claudirene Andrade Ribeiro(2)

Resumo: O presente estudo analisa a existência de um direito ao esquecimento no direito brasileiro, de cariz telemático, mesmo após a decisão proferida pelo STF no RE n. 1.010.606 e a aprovação da Tese de Repercussão Geral n. 786 (aparentemente em sentido contrário). Para tanto, valendo-se do método dedutivo, o artigo explora os conceitos básicos e gerais relacionados ao tema, sobretudo no âmbito da doutrina brasileira e europeia. Conclui-se que, não obstante a tese perfilhada pelo STF pareça sinalizar a inexistência de um direito ao esquecimento no ordenamento brasileiro, tal entendimento há de ser adotado apenas em relação ao direito ao esquecimento de perfil privatístico, quando oposto unicamente à liberdade de imprensa. Essa configuração é reconhecida na segunda parte da decisão, que aponta a possibilidade de excessos concretos, hipóteses em que terá lugar a tutela de alguma das dimensões do que se entende como direito ao esquecimento. Ademais, o art. 15 da Lei Geral de Proteção de Dados (LGPD), em vigor desde 2020, constitui espécie setorial do direito ao esquecimento, na medida em que garante o término do tratamento de dados e a sua consequente eliminação, tão logo cumprida a finalidade da coleta (se não antes), o que tem particular importância no âmbito das relações de trabalho. Desse modo, a discussão nacional em torno do direito ao esquecimento não está encerrada, antecipando-se que o Supremo Tribunal Federal voltará a ser provocado para decidir novas questões relacionadas ao tema.

---

(1) Professor Associado II do Departamento de Direito do Trabalho e da Seguridade Social da Faculdade de Direito da Universidade de São Paulo. Juiz Titular da 1ª Vara do Trabalho de Taubaté - SP. Livre-Docente em Direito do Trabalho e Doutor em Direito Penal pela FDUSP. Doutor em Ciências Jurídicas pela Faculdade de Direito de Lisboa.

(2) Doutoranda em Direito do Trabalho e Seguridade Social-USP/SP. Mestre em direito agroambiental e em Educação pela UFMT. Especialista em Direito do Trabalho pela PUC/SP. Graduada em Direito e em Geografia, também pela UFMT. Docente na área jurídica. Atualmente é juíza do trabalho titular da 2ª VT de Tangará da Serra - MT.

Palavras-chaves: Direito ao esquecimento — Lei Geral de Proteção de Dados — Direito à memória — Direito à verdade histórica.

Introdução

A assim dita era da sociedade da informação tornou realidade o que antes era real apenas em livros e filmes de ficção científica, como Mil Novecentos e Oitenta e Quatro (ORWELL, 2019), LARANJA Mecânica (1962), BLADE *Runner* (1982) e MATRIX (1999). Nessa nova era, a velocidade nas comunicações interpessoais, sociais, jornalísticas e até mesmo científicas torna-se um lugar-comum universal, notadamente porque o uso consistente e disseminado da *internet* permite que as informações sejam transmitidas em tempo real de/para qualquer lado do mundo em que os interlocutores estejam conectados por intermédio da rede mundial de computadores. E, curiosamente — ou quiçá sintomaticamente —, tais informações parecem ganhar especial "credibilidade" quando chegam por essa via, como se conteúdos informacionais trafegados pela rede fossem necessariamente mais fidedignos do que aqueles encaminhados nos espaços tridimensionais. Algo que, aliás, devolve-nos à fala do sociopata Alex DeLarge em *Laranja Mecânica*:

> "It's funny how the *colors* of the *real world* only seem really real when you viddy them on the screen."
>
> (Em tradução livre: "É engraçado como as cores do mundo real parecem muito mais reais quando vistas nas telas.")

Nesse novo contexto, a temática do *direito ao esquecimento* — apesar de sua origem anterior — adquire especial relevância social e jurídica, uma vez que se espraiam os conflitos advindos desse suposto direito, predominantemente de cujo individual, ao colidir com outros direitos de perfil difuso, como o direito à memória e o direito à verdade histórica. Dir-se-ia então que, notadamente em sede trabalhista (mercê do art. 8º, *caput, in fine,* da CLT)[3], o caráter difuso, coletivo ou "público" sobrelevaria, em todo caso, o caráter individual?

Chamado a se manifestar sobre o tema, o Supremo Tribunal Federal recentemente fixou, por maioria, a Tese de Repercussão Geral n. 786, no sentido de que a ordem jurídico-constitucional brasileira não admitiria o reconhecimento de um direito ao esquecimento *"tout court"*. A decisão, todavia, não pacificou a matéria. Antes, fez com que se acirrassem ainda mais os debates acerca do tema, uma vez que o verbete aprovado, em sua parte final, parece sinalizar a possibilidade de análise desse direito à luz do caso concreto.

---

(3) "As autoridades administrativas e a Justiça do Trabalho, na falta de disposições legais ou contratuais, decidirão, conforme o caso, pela jurisprudência, por analogia, por equidade e outros princípios e normas gerais de direito, principalmente do direito do trabalho, e, ainda, de acordo com os usos e costumes, o direito comparado, **mas sempre de maneira que nenhum interesse de classe ou particular prevaleça sobre o interesse público**" (g.n.).

Eis aí o nosso objeto, com o especial foco das relações de trabalho. Pretendemos enfrentá-lo a partir de pesquisa doutrinária e jurisprudencial, sob o método dedutivo, discutindo, a uma, a existência de um direito subjetivo ao esquecimento no direito brasileiro, sobretudo a partir da referida decisão do Excelso Pretório (RE n. 1.010.606), como ainda, no particular contexto da sociedade de informação, a partir dos teores dos arts. 15 e 16 da Lei Geral de Proteção de Dados (Lei n. 13.709, de 14 de agosto de 2018), que asseguram o direito ao apagamento de dados ("término de tratamento" e "eliminação") como um consectário dos direitos de personalidade da pessoa, com inegável matriz constitucional.

A isto.

1. Direito ao esquecimento

Na presente seção, apontaremos esquematicamente os aspectos gerais e conceituais do chamado direito ao esquecimento, que geralmente é invocado em contraposição ao direito à memória e à verdade histórica.

Para tanto, levantaremos os fundamentos jurídicos mais recorrentes que lhe dariam sustentação, assim como o histórico dos principais casos em que a matéria foi discutida em sede extraordinária, destacando-se o recente julgado do RE n. 1.010.606, que resultou na fixação da Tese de Repercussão Geral n. 786.

1.1. Direito ao esquecimento versus direito à memória: aspectos gerais e conceituais

O direito ao esquecimento deita raízes em expressões recorrentes na doutrina e na jurisprudência de base anglossaxônica, como *"right to privacy"* (direito à privacidade) ou *"right to be alone"* (direito de ser deixado em paz ou de ficar sozinho), que chegam a ser seculares. Na sua configuração conceitual mais atual, todavia, o direito remonta a 1973, quando do julgamento do primeiro caso Lebach pelo *Bunderverfassungsgericht* (tribunal constitucional alemão), ao qual nos reportaremos com vagar na subseção 1.3 (WOHJAN. WISNIEWSKI, 2015). Tal direito é reconhecido, ademais, na maior parte dos ordenamentos jurídicos europeus. Segundo Rosen (2012, p. 88),

> "[i]n Europe, the intellectual roots of the right to be forgotten can be found in French law, which recognizes le droit à l'oubli — or the 'right of oblivion'."(4)

A rigor, a expressão "esquecimento" parece não ser a mais adequada para designar o que o direito representa, pois pode levar à ideia de *esquecimento do passado* ou de *apagamento da história* (COELHO, 2020, p. 3; SCHREIBER, 2021; SOUZA, 2020);

---

(4) Em tradução livre dos autores: "Na Europa, o direito ao esquecimento pode ser encontrado na Lei Francesa, que reconhece o direito ao esquecimento."

e não é disso que realmente se trata. De todo modo, como pontificam Schreiber e Souza (2020), a inadequação do termo não pode servir para afastar a tutela de direitos da personalidade que por seu intermédio se visa a resguardar.]

Na verdade, a correta compreensão do alcance das expressões "direito ao esquecimento" e "direito à memória e à verdade histórica" é primordial para os ulteriores desdobramentos que virão na sequência, inclusive quanto ao seu acolhimento — ou não — pelo ordenamento jurídico nacional, a despeito do que já se decidiu no âmbito do Excelso Pretório. E há que se iniciar, para tanto, com o respectivo *conceito*.

O direito subjetivo ao esquecimento, entendido *"stricto sensu"*, corresponde ao direito individual de não ser lembrado por situações pretéritas constrangedoras ou vexatórias, ainda que verídicas.(5), (6) Por via oblíqua, esse direito tutela a vida digna, a imagem, a honra e a própria saúde psíquica e física do respectivo titular, ensejando a transcendência do trauma(7) e impedindo que o isolamento oriundo da vergonha leve a relações sociais deficientes, que comprovadamente aumenta a incidência de inúmeras comorbidades, tais como os acidentes vasculares cerebrais e as cardiopatias. (MAURMO, 2017).

Nessa alheta, Melo (2016, p. 4-5) desdobra o direito ao esquecimento em dois sentidos ou acepções. A primeira, denomina de "material", e a segunda, denomina de "procedimental". Na primeira acepção, o direito ao esquecimento pressupõe

---

(5) Carlos Afonso alerta para os riscos da ampliação da expressão, como lembrado no recente julgamento do STF. Citava-se o caso de um parque de diversões que evocou o direito ao esquecimento para postular a não divulgação de acidente pretérito com um determinado brinquedo que seria relançado; com isso, pretendia evitar que a imprensa divulgasse os fatos pretéritos e prejudicasse a atividade econômica, em uma demanda seguramente incabível. O autor chama igualmente a atenção para caso em que o STJ decidiu pela desindexação de seu nome nas chaves de busca, em relação às notícias sobre determinado concurso para a magistratura excepcionalmente maculado com uma suposta fraude. Assevera ainda que, em alguns casos, *"o direito ao esquecimento pode gerar justamente o seu oposto"*. Questiona, ademais, as hipóteses em que políticos buscam lançar mão desse direito para impedir a divulgação de fatos relacionados ao seu passado, especialmente em épocas de eleições. Conclui que não há prejuízo, pois os casos serão tratados à luz *"direito de proteção à imagem, à honra etc"*. E supõe, enfim, que o debate do tema será retomado pelo STF (como, aliás, também supomos; a decisão no RE n. 1.010.606 decertou não exauriu todos os desdobramentos desse debate).

(6) A autora afirma ainda que a atualidade do fato não deve ser analisada apenas no sentido temporal, mas deve considerar outros elementos, como a sua relevância objetiva para a sociedade.

(7) Bentivegna e Bauab (2020, p. 3) tratam a recordação do trauma como *"a junção de várias pequenas memórias do evento, com as suas interpretações em cada etapa de sua formação, associadas a sentimentos; normalmente, o sentimento ou o pensamento deflagrador."* Asseveram também que o tema constitui objeto de estudo da neurobiologia, da neurociência e da psiquiatria, que buscam técnicas de terapias tendentes ao reconhecimento da origem e da emoção causada pelo trauma, no sentido de dissociar as lembranças, ressignificá-las ou mesmo esquecê-las; e, nessa esteira, o perdão pode constituir uma atitude importante para a higidez psicológica. (BENTIVEGNA, BAUAB, 2020, p. 3-4).

os seguintes elementos essenciais: a) a passagem do tempo;[(8)] b) a pretensão do seu titular de transpor informações que já estão na esfera pública de volta para a esfera privada; c) a alegada inexistência de interesse público no dado ou informação; e d) a conexão com "*interesses relacionados à privacidade sob duas concepções clássicas: (a) o direito de ser deixado em paz (the right to be let alone) e (b) o direito de controle sobre o fluxo de informações sobre si*" (MELO, 2016, p. 4). Na segunda vertente (procedimental), já adaptada à realidade da sociedade da informação, o direito ao esquecimento se caracterizaria como um modo de "desindexação" subjetiva, ou seja, o direito de ser pessoalmente desvinculado dos dados depreciativos, ao ensejo de buscas realizadas pelos motores da *internet* (MELO, 2016, p. 5).

Conquanto negue a existência a um direito ao esquecimento no ordenamento jurídico nacional, a mesma autora reconhece-o conceitualmente como a *"prerrogativa de impedir a divulgação de fatos verdadeiros e públicos, que deixariam de ser protegidos contra a censura judicial em razão de seu caráter ofensivo, constrangedor ou até mesmo pela vontade caprichosa da pessoa envolvida"* (MELO, 2016, p. 5).

Por sua vez, Schreiber (2017, p. 2) assevera que, no direito brasileiro,[(9)] o direito ao esquecimento vem sendo brandido com uma acepção totalmente diversa da original. Originalmente, trata-se de *"um direito a evitar a recordação opressiva de fatos do passado, que efetivamente ameace a capacidade do ser humano de se reformular perante a sociedade"*.

De outra parte, o direito à memória e à verdade histórica — que se contraporia ao direito ao esquecimento — pode ser entendido em uma perspectiva privatística e em uma perspectiva pública (ou ao menos difusa). Na primeira perspectiva, deve ser reconhecido como o direito individual de cada uma das vítimas de saber e de fazer saber com integridade os fatos que as envolveram, na inteireza de seus contextos e desfechos lesivos. Na segunda perspectiva, estamos diante de um interesse difuso *"lato sensu"*, compartilhado por toda a sociedade, de saber e esclarecer os fatos e circunstâncias que geraram graves violações a direitos humanos, sobretudo em períodos e regimes de exceção. No caso do Brasil, como se sabe, essa perspectiva justificou todo o esforço institucional dedicado, nos últimos anos, à constituição/atuação das "comissões da verdade" para apuração dos casos de torturas, mortes, desaparecimentos forçados e ocultações de cadáveres durante o período da última ditadura militar (1964 a

(8) Em recente decisão, a partir do voto do Des. Olindo Menezes (Desembargador convocado do TRF da 1ª Região), a 6ª Turma do Superior Tribunal de Justiça asseverou o seguinte: "[...] **2.** A tese do "direito ao esquecimento" não deve ser aplicada em relação a feitos extintos que não possuam lapso temporal significante em relação a data da condenação, qual seja menos de 10 anos." (BRASIL, 2021c, aspas internas no original).

(9) A conclusão do autor é afirmada em face da decisão proferida pelo C. STJ no Recurso Especial (RE) n. 1.334.097, em cujo bojo o direito ao esquecimento foi definido com o *"direito de não ser lembrado contra sua vontade."*

1985).[10] No plano internacional, aliás, o país ficou particularmente marcado pelas violações perpetradas durante a chamada guerrilha do Araguaia e também, no caso Gomes Lundi, pela negativa de acesso das vítimas aos dados estatais, o que ensejou sua condenação no âmbito da Corte Interamericana de Direitos Humanos.

Eis, pois, o que se deve entender, para os efeitos deste estudo, por direito ao esquecimento e por direito à memória e à verdade histórica, nas suas variegadas dimensões. Superado o esforço conceitual, importa agora discutir o substrato normativo para o reconhecimento e a tutela de tais direitos — ou, no que ora importa, para o primeiro deles —, já em seara jurídico-dogmática. É o que faremos a seguir, selecionando as principais bases constitucionais e infraconstitucionais do direito ao esquecimento no âmbito nacional; e, em cotejo, examinaremos igualmente as bases jurisprudenciais que o têm sustentado na Europa, inclusive para embasar as conclusões que finalmente se abraçarão. Nessa vereda, ademais, caberá ainda discutir alguns episódios da rica casuística que a matéria ora discutida apresenta, tanto no direito estrangeiro quanto em nossas próprias plagas.

1.2. Bases constitucionais e infraconstitucionais do direito ao esquecimento

Para efeitos hermenêuticos e operativos (interpretação/aplicação), a identificação e invocação das bases constitucionais e infraconstitucionais do direito ao esquecimento é um pressuposto inexorável. Como é cediço, esse direito não está expressamente previsto na legislação nacional, o que se esgrimiu desde sempre como um óbice jurídico-positivo

---

(10) Conquanto se encontrem vozes que ainda questionem a existência de uma ditadura militar durante esse interregno — especialmente na atual quadra, ante os pendores que inspiram a retórica da Presidência da República, mas também muito antes mesmo disso (o próprio Ministro Dias Toffoli, durante os dois anos em que exerceu a presidência do Excelso Pretório, insistiu em identificar os eventos de 31.3.1964 — na verdade, *1º.4.1964* — como "Movimento de 1964") —, e ainda que se entenda que durante esse período o país tenha observado alguns avanços legislativos (a exemplo da Lei n. 4.505/1964 - o Estatuto da Terra —, da Lei n. 5.478/1968 — pensões alimentícias —, da Lei n. 6.515/1977 — Lei do Divórcio — e das próprias alterações no Capítulo V do Título II da CLT, sobre medicina e segurança do trabalho), aspecto geralmente citado pelos entusiastas do período, **é curial reconhecer e afirmar que o regime interrompeu a normalidade democrática do país, suprimiu seus os instrumentos de democracia representativa e, para mais, generalizou (ou, de muitos modos, "institucionalizou") a prática de gravíssimos atos violadores dos direitos humanos.** Não por outra razão, após longas lutas de familiares de desaparecidos políticos, exilados e torturados, aprovou-se a Lei n. 12.528, de 18 de novembro de 2011, instituindo a Comissão Nacional da Verdade, no âmbito da Casa Civil da Presidência da República, para, nos termos do art. 1º, "[...] *examinar e esclarecer as graves violações de direitos humanos praticadas no período fixado no art. 8º do Ato das Disposições Constitucionais Transitórias, a fim de efetivar o direito à memória e à verdade histórica e promover a reconciliação nacional*". Tratou-se do primeiro real esforço legislativo para, após a Lei da Anistia (Lei n. 6.683/1979), promover no Brasil a chamada *justiça de transição*. E muito do que desde então se logrou conquistar, inclusive em termos de reconhecimento público, resgate histórico e até mesmo — na expressão da lei — "reconciliação nacional", tem-se lamentavelmente perdido com as investidas retóricas negacionistas do atual Presidente da República (v., *e.g.*, *AGÊNCIA BRASIL*, 27 mar. 2019).

ao seu reconhecimento. Não haveremos, porém, de trilhar as sendas do legalismo positivista. Optaremos por uma visão mais holística do sistema jurídico nacional, que permite reconhecer as premissas teóricas do direito ao esquecimento nos anteparos do sobreprincípio constitucional da *dignidade da pessoa humana*, fundamento do Estado Democrático de Direito (art. 1º, III, da CRFB)[(11)] e vetor normogenético das normas-princípios da inviolabilidade da vida privada e da intimidade (art. 5º, X, CRFB).

Não basta, porém, admiti-lo como "possibilidade" do sistema jurídico pátrio. Há que ir além, buscando a sua concretude e os seus limites na extensão legítima dos outros direitos, liberdades e interesses fundamentais que o circunvizinham: a liberdade de imprensa, a liberdade de expressão, o direito à memória e à verdade histórica e o direito de acesso à informação. Exsurgem, nesses ensejos de colisão jusfundamental, indeléveis *"hard cases"*. E na maioria dos casos, diante dos eminentes valores lindeiros, torna-se curial recorrer ao princípio da proporcionalidade e exercitar os respectivos juízos da ponderação (ou, para os alinhados, aplicar a lei de ponderação alexyana). Com efeito, ainda que existam o direito à informação, o direito à memória e a própria liberdade de imprensa, os arts. 11, 20 e 21 do Código Civil de 2002, asseguram, em contrapartida, os direitos da personalidade, a proibição de divulgação ofensiva à honra, à boa fama e/ou à respeitabilidade e a inviolabilidade da vida privada.

Com efeito, as premissas acima reportadas constam do Enunciado n. 531 da VI Jornada de Direito Civil, organizada pelo Conselho da Justiça Federal (CJF) e pela Escola Nacional de Formação e Aperfeiçoamento de Magistrados (Enfam). Diz o referido enunciado:

> "A tutela da dignidade da pessoa humana na sociedade de informação inclui o direito ao esquecimento."

Para justificar o verbete, referenciou-se o contexto atual da chamada sociedade da informação — que, não por outro motivo, abriu nossa introdução (*supra*) —, na qual a rápida e irrefreável expansão das comunicações alcança a escala geométrica, exponenciando-se com o progressivo acesso das populações às redes sociais e afins; e, sob tais circunstâncias, a circulação das informações e dos dados (inclusive os verdadeiros) não raro provoca danos de diversas origens e/ou a titulares diversos. Caberá supor que nada disso é sindicável judicialmente? Não em nossa opinião.

Nessa direção, a justificação do enunciado descreve a origem histórica do direito ao esquecimento, oriundo do Direito Penal, onde foi engendrado como importante mecanismo auxiliar na recuperação social de ex-detentos. Cigana e Rocha (2017, p. 212) observam, a propósito, que o processo de ressocialização do apenado ultrapassa o

(11) Dispõe o art. 1º, *caput* e inc. III da CRFB: *"A República Federativa do Brasil, formada pela união indissolúvel dos Estados e Municípios e do Distrito Federal, constitui-se em Estado Democrático de Direito e tem como fundamentos: [...] III – a dignidade da pessoa humana".*

período de cumprimento da pena e inclui o período imediatamente posterior, quando é efetivamente reinserido na sociedade; e, pela óbvia necessidade de que o ex-detento seja aceito pela comunidade de seu entorno, questionam se a exposição indefinida do fato delituoso pelas mídias não constituiria uma espécie de prisão perpétua, comprometendo irremediavelmente a sua ressocialização e a sua autoimagem. Tais reflexões conduzem à conclusão expressa na precitada justificativa, no sentido de que o direito ao esquecimento "[n]ão atribui a ninguém o direito de apagar fatos ou reescrever a própria história, mas apenas assegura a possibilidade de discutir o uso que é dado aos fatos pretéritos, mais especificamente o modo e a finalidade com que são lembrados".

Modo e *finalidade*, portanto, são as dimensões do direito à memória e à verdade histórica — e, como respectivo direito instrumental, o da liberdade de imprensa — que devem ser sopesadas, pela via da concordância prática (K. Hesse), para assegurar alguma relevância ontológica e axiológica ao direito ao esquecimento.

Nessa direção, já se podia reconhecer, ínsita à *"ratio"* do Enunciado n. 531, a exigência de que as informações pessoais do indivíduo sejam utilizadas apenas segundo a finalidade para a qual foram colhidas. Vale dizer, *finalidade legítima* e *tratamento adequado*, o que passou a ser expressamente referido no art. 6º, I e II, da Lei Geral de Proteção de Dados Pessoais. É o que diremos na sequência.

1.3. Direito ao esquecimento: breve casuística

Em 1973, na Alemanha, chegou pela primeira vez ao *Bundesverfassungsgericht* (BvG) o chamado caso Lebach. Tratava-se do pleito de um delinquente definitivamente condenado a seis anos de reclusão,[12] partícipe do assassinato de quatro soldados (além de lesões graves a um quinto) que à altura dormiam. Prestes a obter livramento condicional, o autor requereu judicialmente a não divulgação de um documentário de televisão editado cerca de dois anos após os eventos (ocorridos em 1970), que divulgava o nome dos envolvidos.

No julgamento, em junho de 1973, a corte constitucional alemã entendeu que, embora a regra fosse a da prevalência do interesse público em torno da informação, a ponderação concretamente favorecia o autor, em virtude do transcurso do tempo desde os fatos (em razão do que o interesse público não era mais atual) e do direito à efetiva ressocialização. Considerou-se que a exibição implicaria a imposição de uma nova sanção social ao autor do delito, especialmente mediante a divulgação televisiva, de imenso alcance; e, por isso, a exibição não foi autorizada.

Mas o debate não terminou em 1973. Mais de vinte anos depois, em 1996, o caso *Lebach* chegou novamente ao BvG, desta feita, em reclamação constitucional

(12) Os autores principais foram condenados à morte.

formulada pela empresa de televisão que preparava novo documentário acerca do tema.[(13)] E, nesse caso, a exibição foi autorizada.

Ainda no âmbito do BvG, cabe reportar o caso Lüth, julgado em 1958, no qual Eich Lüth reivindicava o boicote público aos filmes de Veit Heilan, famoso cineasta do 3º *Reich* que tentava se "reabilitar" perante a cena artística alemã. Naquela oportunidade, porém, a corte constitucional asseverou a impossibilidade de censura prévia às livres manifestações de Lüth, que não poderia ser impedido de vociferar contra Heilan e dar a conhecer a respectiva biografia pretérita.

Algo mais a oeste, na França, a *Cour d'Appel* de Paris examinou o caso François Ost (1983). À altura, a corte reconheceu o direito ao esquecimento, aplicável ao caso e oponível a todos, ressalvando apenas as hipóteses de relevância histórica. *"In verbis":*

> "[...] qualquer pessoa que se tenha envolvido em acontecimentos públicos pode, com o passar do tempo, reivindicar o direito ao esquecimento; a lembrança deste acontecimentos e do papel que ela possa ter desempenhado é ilegítima se não fundada na história ou se for de natureza a ferir sua sensibilidade, visto que o direito ao esquecimento, que se impõe a todos, inclusive a jornalistas, deve igualmente beneficiar a todos, inclusive aos condenados, que pagaram sua dívida com a sociedade e que tentam nela se reinserir."

Na esfera nacional, enfim, também se colhem relevantes casos que chegaram às barras do Poder Judiciário, decididos de modo mais ou menos alinhado à tese acolhida pela *Cour d'Appel* (mas, em geral, abonando a existência de um direito ao esquecimento). Apontam-se abaixo três deles.

O primeiro, conhecido como "caso da Chacina da Candelária",[(14)] refere-se ao extinto programa "Linha Direta", da Rede Globo de Televisão, que referiu, na narrativa de um crime de grande estrépito, o nome de serralheiro anteriormente absolvido pelo tribunal do júri, nos termos do art. 748 do Código de Processo Penal. Na ocasião, o Superior Tribunal de Justiça entendeu pelo direito do recorrente de se ver indenizado.[(15)] Da ementa da decisão proferida pelo STJ (BRASIL, 2013, p. 2-7), constata-se que o acórdão extremou, por um lado, as hipóteses de exibição de programas

---

(13) Dessa feita, a reclamação perante o *BvG* foi formulada após um dos autores do crime ter obtido, nas instâncias ordinárias, decisão que vedava a divulgação do programa.

(14) Trata-se do assassinato de oito jovens em situação de rua nas proximidades da igreja da Candelária, no Rio de Janeiro, em 1993. Um serralheiro que foi acusado de participação no crime e foi inocentado pelo Tribunal de Juri teve seu nome referido na reportagem.

(15) O reexame do caso foi iniciado em 3 de agosto de 2021, pela 4ª Turma do STJ, após a fixação da tese do Tema de Repercussão Geral n. 786 pelo C. STF. Em caso de manutenção da posição adotada em 2013, o processo seguirá para o Supremo Tribunal Federal analisar o recurso extraordinário interposto pela emissora de televisão. O Min. Luís Felipe Salomão, relator do caso, manteve o posicionamento anterior e entendeu que o teor decidido coaduna-se com a tese fixada pelo STF, porquanto se teria identificado, naquela ocasião, *excesso no exercício do direito à liberdade de expressão.* Após o voto do ministro relator, o Min. Raul Araújo pediu vistas, interrompendo-se o julgamento (BRASIL, *NOTÍCIAS DO STJ*, 05 ago. 2021).

televisivos; e, por outro, os ensejos de veiculação de notícias pela *internet*. Ao fazê-lo, salientou a maior complexidade desses últimos, por envolver também questões de interesse nacional; mas, se era certo que o caso se convolara em fato histórico — donde o legítimo interesse público na divulgação do evento criminoso e de sua solução pelas instituições do Estado, além do próprio direito difuso à verdade histórica (entendendo-se que a memória histórica constitui patrimônio cultural da sociedade civil) —, também era certo que o direito ao esquecimento, já consagrado no direito estrangeiro, pronunciava-se como um direito ao futuro, de reconstrução do passado do condenado em crimes que tenham pago por sua pena e obtido o direito à eliminação dos apontamentos do crime nos registros de identificação e que o direito de imprensa encontraria limites constitucionais, respaldados "*na inviolabilidade da vida privada, intimidade, honra, imagem e, de resto, nos valores da pessoa e da família, prevista no art. 220, § 1º, art. 221 e no § 3º do art. 222 (...)*" (BRASIL, 2013, p. 2).

O segundo, alcunhado de "caso Aída Curi", envolve o estupro e assassinato de Aída Cury em 14.7.1958,(16) com forte repercussão à época. Os fatos foram revisitados e divulgados pelo mesmo programa "Linha Direta", três décadas depois, com referências aos nomes de família dos personagens envolvidos, trazendo grande desconforto aos parentes vivos. Esse caso justamente esteve na origem do precedente do Excelso Pretório, no RE 1.010.606, que referiremos a seguir.

Vejamo-lo (RE n. 1.010.606), pois. Nele, fixou-se a tese de repercussão geral que aparentemente repeliu o direito ao esquecimento do universo de possibilidades jurídicas do direito brasileiro.

1.4. O direito ao esquecimento e a decisão proferida pelo STF no RE n. 1.010.606

Após encontrar ressonância em boa parte da doutrina nacional e na jurisprudência, especialmente a do STJ, o tema em exame foi objeto de recente decisão por parte do Supremo Tribunal Federal, nos autos do RE 1.010.606, e terminou parcialmente rechaçado. Eis a tese aprovada em plenário, para o Tema n. 786, a partir do voto de S. Ex.ª o Min. Dias Toffoli:

> "É incompatível com a Constituição a ideia de um direito ao esquecimento, assim entendido como o poder de obstar, em razão da passagem do tempo, a divulgação de

---

(16) Em 14.7.1958, a jovem Aída Jacob Curi foi levada por dois rapazes ao topo de um edifício na Avenida Atlântica, no Bairro de Copacabana (Rio de Janeiro), e ali se viu submetida a tortura a abusos sexuais, com o auxílio do porteiro. Aída lutou corporalmente com seus agressores por ao menos 30 minutos, até desmaiar, conforme relevou a perícia. Seu falecimento deveu-se à queda do edifício, do qual foi atirada pelos violadores que, com isso, buscavam esconder o crime. Dos três envolvidos, A.S., o porteiro, foi inocentado da acusação de homicídio e condenado por atentado violento ao pudor e tentativa de estupro; R.G. de S. C., com 19 anos à época, membro de uma família tradicional carioca, foi condenado a 8 anos de 9 meses de prisão; e o adolescente C. M. Ferreira, sobrinho do síndico do prédio, foi condenado pelo homicídio e encaminhado ao Sistema de Assistência ao Menor (SAM).

fatos ou dados verídicos e licitamente obtidos e publicados em meios de comunicação social analógicos ou digitais. Eventuais excessos ou abusos no exercício da liberdade de expressão e de informação devem ser analisados caso a caso, a partir dos parâmetros constitucionais — especialmente os relativos à proteção da honra, da imagem, da privacidade e da personalidade em geral — e das expressas e específicas previsões legais nos âmbitos penal e cível" (STF, Tese de Repercussão Geral n. 786).

Entendamo-la melhor, já com a necessária criticidade.

Em debate jurídico realizado no canal "Direito Civil brasileiro", exibido no *Youtube*, em informação verbal, Anderson Schreiber (2021, 57') ponderou que "[...] *o direito ao esquecimento é a favor de uma verdade histórica contextualizada*", sendo certo que "*hoje em dia tudo é lembrado de uma maneira descontextualizada.*" Asseverou ainda que a "regra" — outrora, a do esquecimento — foi agora substituída pela *lembrança*; e defendeu que, na realidade, quando se fala em direito ao esquecimento, está-se tratando, em boa medida, de um direito de personalidade (como, aliás, a Tese n. 786 também reconhece, de certo modo). Acrescentou que o maior problema dogmático, no julgamento do C. STF, foi a amplitude do conceito de direito de esquecimento; e, bem assim, a imprecisão semântica da segunda parte da tese à altura fixada.(17)

A despeito da crítica, porém, "*decisum habemus*" (e, a partir dele, o possível manto da vinculatividade, "*ex vi*" dos arts. 489, § 1º, V e VI, 926 e 927 do CPC, ainda que por via implícita)(18). O que dizer, então, dos dados e informações disponíveis no universo digital? Ou, em geral, das obrigações legais reservadas ao controlador e/ou ao operador de dados? Se não existe um direito ao esquecimento, os dados relativos a qualquer cidadão, uma vez validamente coletados, jamais poderão ser eliminados ou anonimizados? Não há qualquer expectativa temporal legítima para o término do respectivo tratamento?

Obviamente, tais conclusões seriam equivocadas, até porque irrazoáveis. Isto demonstra, a uma, o já reportado excesso semântico na definição que o C. STF emprestou ao "direito ao esquecimento", ao negar-lhe qualquer acolhida na ordem jurídica brasileira. E nos conecta, a duas, com o objeto do tópico subsequente.

---

(17) Nesse mesmo ensejo, A. Schreiber observou, com todo acerto, que a decisão do C. STF valeu-se de diferentes compreensões acerca do expressão "direito ao esquecimento" e terminou por adotar aquela que não seria a mais acertada, por não corresponder à atualmente seguida pela doutrina mais abalizada. De nossa parte, aderimos integralmente à crítica.

(18) Diz-se *implícita* porque, a rigor, estamos a falar de *acórdãos proferidos em regime da repercussão geral,* que não estão textualmente elencados no art. 927 do CPC/2015. Nada obstante, há quem sustente que, "[...] *pela amplitude sistêmica criada pelo Código de Processo Civil de 2015,* [percebe-se] *a possibilidade de interpretar os acórdãos proferidos sob a sistemática da repercussão geral como precedentes obrigatórios ou formalmente vinculantes, ampliando o espectro de aplicação do rol do art. 927*" (FRETTA, Ricardo. Repercussão geral e sua qualificação como precedente obrigatório. In: *Empório do Direito.* O Novo Processo Civil Brasileiro (coluna), 9.11.2018. Disponível em: https://emporiododireito.com.br/leitura/repercussao-geral-e-sua-qualificacao-como-precedente-obrigatorio. Acesso em: 3.9.2021), até mesmo em razão do que dispõe o art. 103, § 3º, da CRFB e o art. 988, II e § 5º, II, *a contrário*, do CPC.

2. Direito ao esquecimento, proteção de dados e direito do trabalho

Como antecipamos, a celeridade e a facilidade de divulgação e de acesso aos dados pessoais do indivíduo constituem a tônica da chamada sociedade da informação. Retratam bem, nas suas possibilidades e nas suas vulnerabilidades, a condição de privacidade e de intimidade do indivíduo no atual momento social, em que as informações captadas por diversos meios — e especialmente pela via digital — permanecem armazenadas em "nuvem", disponíveis na rede mundial de computadores, e podem ser facilmente acessadas por qualquer usuário da rede por meio de motores de busca (como o *Google*, o *Bing* e o *Yahoo*).[19] Nesse contexto, a desregulamentação do uso de dados pessoais representa uma afronta aos direitos de personalidade: uma vez fornecido determinado dado pessoal a determinada empresa, por exemplo, seja no âmbito de relações comerciais, seja no plano das relações trabalhistas ou pessoais, um tal dado poderá ser lançado na rede mundial de computadores e permanecer vulnerável por tempo indeterminado.

No Brasil, apenas no ano de 2020 entrou em vigor a Lei n. 13.709, aprovada em 14 de agosto de 2018, denominada "Lei Geral de Proteção de Dados" (ou, no acrônimo, simplesmente "LGPD").[20] O diploma regulamenta o tratamento de dados pessoais, inclusive por meios digitais (mas não apenas), por pessoa natural ou por pessoa jurídica de direito público ou privado, com o objetivo de tutelar os direitos fundamentais de liberdade e de privacidade e o livre desenvolvimento da personalidade da pessoa natural (art. 1º, *caput*).

A LGPD brasileira distanciou-se, em muitos aspectos, do padrão internacional ditado pelo RGPD europeu (*i.e.*, o Regulamento (UE) 2016/679, do Parlamento Europeu e do Conselho, dito "Regulamento Geral sobre a Proteção de Dados", em vigor para toda a União Europeia). Por alguns desses distanciamentos, merece críticas (assim, *e.g.*, quanto ao emprego de inteligência artificial no tratamento de dados).

---

(19) Os três principais *sites* de busca (ou "motores"), segundo Giraldo (2019) e Neil Patel (S/D), são o *Google*, o *Bing* e o *Yahoo!;* é certo, porém, que, além desses, existem inúmeros outros. Entre todos, o *Google* é, de longe, o mais utilizado em todo o mundo. A importância do *Google* como sítio de pesquisa popular originou inclusive o verbete *Googling* nos atuais dicionários norte-americanos (NEIL PATEL, S/D). Com efeito, o termo *Google* pode ser encontrado no DICTIONARY.COM, que apresenta 3 significados dele derivados: *"1) the proprietary name of a leading internet search engine, founded in 1998. 2) verb (used with object), Goo·gled, Goo·gling. (often lowercase) to search the internet for information about (a person, topic, etc.): We googled the new applicant to check her background. 3) verb (used without object), Goo·gled, Goo·gling. (often lowercase) to use a search engine such as Google to find information, a website address, etc., on the internet."*.

(20) Denominação conferida por meio da Lei n. 13.853, de 8.7.2019, que alterou a ementa da Lei n. 13.709, de 14.8.2018, cuja redação original era: *"Dispõe sobre a proteção de dados pessoais e altera a Lei n. 12.965, de 23 de abril de 2014 (Marco Civil da Internet)".* Na verdade, recompilou-se o texto original, deu-se redação nova a diversos artigos do texto original e ainda se incluíram outros tantos dispositivos, modificando sensivelmente o primeiro modelo de proteção de dados pessoais. Isso tudo, a propósito, antes mesmo da entrada em vigor de boa parte daquele primeiro modelo.

Nada obstante, acrescentou elementos importantes ao debate nacional, inclusive em torno do direito ao esquecimento, conforme se verificará adiante.

2.1. Aspectos gerais da LGPD: vigência

Como visto, a LGPD recebeu sua atual denominação por meio da Lei n. 13.853, de 8 de julho de 2019, entrando em vigor em 14 de agosto de 2020, exceto quanto aos arts. 55-A, 55-B, 55-C, 55-D, 55-E, 55-F, 55-G, 55-H, 55-I, 55-J, 55-K, 55-L, 58-A e 58-B, que passaram a vigorar já no dia 28 de dezembro de 2018; e quanto aos arts. 52, 53 e 54, que passaram a vigorar a contar de 1º de agosto de 2021.

Esse confuso marco temporal de vigência, fixado após muitas idas e vindas, está hoje consolidado no art. 65 da LGPD.

2.2. LGPD e direito ao apagamento de dados

Consoante o art. 12 da Lei n. 13.709/2018, os dados adequadamente anonimizados podem ser utilizados livremente, estando excluídos do escopo de aplicação da lei. A *anonimização* implica, em termos ideais, três estados: 1) a impossibilidade de identificar qualquer pessoa; 2) a baixa probabilidade de se estabelecer qualquer ligação entre os registros de uma pessoa específica e um determinado grupo de dados; e 3) a incapacidade de se inferir, a partir da análise das informações, dados de um indivíduo específico.

Importante ainda lembrar que o art. 15 supra da mencionada lei, estabelece quatro hipóteses em que o tratamento dos dados pessoais se encerrará, quais sejam: I) quando observado que o propósito foi atingido ou os dados não forem mais imprescindíveis ou oportunos para a consecução do fim desejado; II) termo do prazo de tratamento; III) aviso do titular, que pode revogar o consentimento, nos termos do § 5º do art. 8º desta Lei, salvo o interesse público; e IV) ordem judicial, nos casos de descumprimento das regras estipuladas na LGPD.

Encerrado o tratamento dos dados, a regra estipulada no art. 16 da norma em comento é a de esses serão descartados, exceto nas quatro circunstâncias indicadas em seus IV incisos, que são: I) desempenho de dever imposto ao controlador por lei ou regulamento; II) uso para fins científicos, assegurado, dentro da viabilidade, a anonimização dos dados; III) quando repassados para terceiros, garantidos os encargos do tratamento; e IV) utilização unicamente pelo controlador, proibido o conhecimento por terceiros e assegurado a anonimização dos dados.

No âmbito da União Europeia (EU), a art. 17 do Regulamento n. 2016/679 do Parlamento Europeu e do Conselho, assegurou o direito ao apagamento dos dados, *subintitulado como "direito a ser esquecido"*. É o que se lê no Considerando n. 66, que enfoca textualmente o *"direito a ser esquecido no ambiente por via eletrônica"*.

Quando da discussão do referido julgamento, Rosen (2012, p. 88) considerou que a previsão desse direito um risco à liberdade de expressão e que, exceto se houvesse uma melhor definição quando ou após a sua aprovação pelo parlamento europeu, implicaria interpretações opostas entre o direito americano e o direito europeu, posto que nos Estados Unidos da América, a liberdade de expressão estaria assegurada na primeira emenda, tanto que fundamentava a recusa da *Wikipedia* em remover de suas páginas a história de dois alemães que foram condenados pelo assassinato de um ator.

2.3. O direito ao apagamento de dados como uma espécie de direito ao esquecimento e a decisão do STF no RE n. 1.010.606: aspectos gerais e laborais

Não obstante a tese de repercussão geral aprovada por maioria pelo STF[21] tenha, à primeira vista apontado para a inexistência de um direito ao esquecimento, conforme sua primeira parte, a segunda parte da tese deixou em aberto a possibilidade de se analisar *caso a caso* os excessos à liberdade de expressão. E, nesse caso, parece claro que se poderá restringir tais excessos a partir daquilo que originalmente Gerard Lyon-Caen denominou como "*droit à l'oubli*" (1967):[22] ainda que não se lhe dê essa denominação, é isto que estará em jogo.

Com efeito, assim decidiu o Excelso Pretório (fazendo a balança da ponderação pender em favor da liberdade de expressão), no que de essencial se pode transcrever do robusto e estudado voto de S. Ex.ª, o Ministro Dias Toffoli:

> [...] Conquanto mais intensa em ordenamentos historicamente mais suscetíveis a riscos à liberdade de expressão, a preocupação com a sensibilidade que envolve, na atualidade, a concretização dessa ordem de liberdade tem tomado proporções globais.

---

(21) A tese fixada pelo relator não foi subscrita pelo Min. Edson Fachin, por entender que não retratava a discussão estabelecida em plenário. Expressamente, assevera Fachin que o voto do relator, como externado originalmente, não rejeitava "a existência do direito ao esquecimento" e conteria "uma miríade de posições." (BRASIL, 2021a, p. 316).

(22) Como o próprio Min. Dias Toffoli fez consignar, já na abertura do seu robusto voto (item I, "Perspectiva Histórica"), tratava-se do caso de Madame "S", uma ex-amante do *serial killer* Henri-Désiré Landru — hoje mais conhecido como o *Barba-Azul de Gambais*, por ter assassinado ao menos sete mulheres —, buscando impedir que o diretor de cinema Claude Chabrol, a *Societé Rome-Paris Films* e a distribuidora *Lux Compagnie Cinématographique de France* utilizasse seu nome, sem autorização, em documentário ficcional a respeito da vida de Landru (cfr., por todos, FRAJHOF, 2019, *passim*; em especial, subseção 2.2.1). A autora reclamava em juízo o direito de ver reconhecida a "prescrição" dos fatos que já não seriam relevantes (daí a expressão *"prescription du silence"*); mas, como é fácil perceber, não subsumia adequadamente o núcleo da tese esgrimida entre as categorias jurídicas mais encontradiças. Para melhor nomear a pretensão, Lyon-Caen valeu-se da expressão em comento, situando a pretensão no quadro geral dos direitos subjetivos públicos: *"já envelhecida, ela teria conquistado um direito ao silêncio em relação às loucuras de sua juventude, como um condenado que já purgou a sua culpa"* (PINHEIRO, 2016, p. 140). Mme. "S" obteve êxito em primeiro grau, perante o Tribunal de Grande Instance de La Seine, mas foi derrotada em grau de recurso, na *Cour d'Appel* de Paris, basicamente porque havia *ela própria,* anteriormente, publicado as suas memórias; logo, não estaria verdadeiramente aspirando ao "silêncio" em torno de sua vida amorosa com Landru, mas, antes, considerando suas melhores alternativas para fazê-la pública.

Na "Declaração conjunta do vigésimo aniversário: desafios para a liberdade de expressão na próxima década"(2019), a **Relatoria Especial para Liberdade de Expressão da Organização dos Estados Americanos** vocalizou diversas preocupações com a criação de ambiente que possibilite o exercício da liberdade de expressão, "especialmente no caso do ambiente digital, mas não unicamente nesse". [...]

A preocupação já havia sido externada em 2018 pela **Declaración Conjunta sobre la Independencia Y la Diversidad de los Medios de Comunicación en la Era Digital**, na qual se apontou especificamente a preocupação com a desindexação de conteúdo por razões de privacidade:

[...]

A preocupação constante da declaração e apontada como uma ameaça tecnológica sintetiza o que ao longo deste voto fiz consignar: **a previsão ou aplicação de um direito ao esquecimento afronta a liberdade de expressão.** A existência de um comando jurídico que eleja a passagem do tempo como restrição à divulgação de informação verdadeira, licitamente obtida e com adequado tratamento dos dados nela inseridos, precisa estar previsto em lei, de modo pontual, clarividente e sem anulação da liberdade de expressão. Não pode, ademais, ser fruto apenas de ponderação judicial.

Parece-me que, admitir um direito ao esquecimento, [sic] **seria uma restrição excessiva e peremptória às liberdades de expressão e de manifestação de pensamento dos autores e ao direito que todo cidadão tem de se manter informado a respeito de fatos relevantes da história social. Ademais, tal possibilidade equivaleria a atribuir, de forma absoluta e em abstrato, maior peso aos direitos à imagem e à vida privada, em detrimento da liberdade de expressão, compreensão que não se compatibiliza com a ideia de unidade da Constituição.**

[...]

Entendo, assim, que o ordenamento jurídico brasileiro está repleto de previsões constitucionais e legais voltadas à proteção da personalidade, aí inserida a proteção aos dados pessoais, com repertório, jurídico suficiente a que esta norma fundamental se efetive em consagração à dignidade humana.

Em todas essas situações legalmente definidas, é cabível a restrição, em alguma medida, à liberdade de expressão, sempre que afetados outros direitos fundamentais, mas não como decorrência de um pretenso e prévio direito de ver dissociados fatos ou dados por alegada descontextualização das informações em que inseridos, por força da passagem do tempo.

Não há dúvidas de que é preciso buscar a proteção dos direitos da personalidade, pela via da responsabilização diante do abuso no exercício da liberdade de expressão e pela ampliação da segurança na coleta e no tratamento dos dados, a fim de se evitar os acessos ilegais, as condutas abusivas e a concentração do poder informacional. Mas não se protege informações e dados pessoais, porém, com obscurantismo. [...] (negritos no original)

A tese, como se vê (aqui e na subseção 1.4), estende-se aos dados publicados em **meios de comunicação social analógicos ou digitais.** Funda-se essencialmente na ideia de que *"a previsão ou aplicação de um direito ao esquecimento afronta a liberdade de expressão"*; no entanto, tal ideia não parece decorrer, *"concessa venia"*, sequer dos excertos extraídos da Declaração Conjunta sobre a Independência e a Diversidade dos Meios de Comunicação na Era Digital, como se termina por sustentar. A Declaração admite, ao revés, hipóteses legais de remoção ou desindexação de conteúdo *online*, desde que previstas "em termos claros e específicos", para casos nos quais o titular do direito demonstre a existência de danos substanciais à sua privacidade, aptos a superar concretamente os interesses ligados à liberdade de expressão, sob as garantais do devido processo legal(23) (ou seja: sob o pálio da *proporcionalidade*, que só se pode adequadamente aferir casuisticamente).

Pouco antes, ademais, o próprio i. relator fazia a devida distinção, ante os horizontes mais dilargados do direito ao esquecimento (como o desenhou, quiçá com excesso), quando está em causa a proteção de dados no meio digital:

> [...] O que se observa é que, conquanto os efeitos da passagem do tempo sejam apresentados de distintas formas pelos doutrinadores (descontextualização, fragmentação, prejuízo à psique do envolvido, apelo ao perdão ou perda do interesse público), é ponto comum que o elemento temporal definidor do pretenso "direito ao esquecimento" não seria computado pelo transcurso de um exato número de dias, meses ou anos, mas sim por **decurso temporal suficiente para descontextualizar a informação relativamente ao momento de sua coleta**.
>
> [...]
>
> É notório, [*sic*] que as pretensões relativas ao direito ao esquecimento são desmembráveis em subtipos, consoante o objeto do "esquecimento" (**fatos ou dados**) e o meio de comunicação adotado para veiculação da notícia (**plataformas tradicionais ou virtual**). De tais subdivisões, porém, não concebo a índole de pretensões distintas, razão pela qual **considero pertinente a apreciação em conjunto (sem prejuízo do reconhecimento das especificidades de cada linha do tema)**.
>
> [...]
>
> Em conclusão, a partir desses elementos essenciais, podemos entender o nominado direito ao esquecimento como a **pretensão apta a impedir a divulgação,** seja em plataformas tradicionais ou virtual, **de fatos ou dados verídicos e licitamente obtidos,**

---

(23) Leia-se, no original em inglês: *"The removal or de-indexing of online content pursuant to the so-called 'right to be forgotten' raises important freedom of expression concerns and States should, if their legal systems provide for this, ensure that* ***these measures are provided for by law in clear, specific terms, are applicable only where the petitioner demonstrates substantive harm to his or her privacy which overrides any freedom of expression interest involved, are subject to appropriate due process guarantees*** *and are otherwise conducted in a manner which, both procedurally and substantively, fully respects the right to freedom of expression"* (g.n.). O documento, de maio de 2018, é definido como *"Declaration by the United Nations Special Rapporteur on Freedom of Opinion and Expression, the Organization for Security and Co-operation in Europe Representative on Freedom of the Media, the Organization of American States (OAS) Special Rapporteur on Freedom of Expression and the African Commission on Human and Peoples' Rights Special Rapporteur on Freedom of Expression and Access to Information"*. Disponível em: <https://www.osce.org/representative-on-freedom-of-media/379351>. Acesso em: 10 out. 2021.

mas que, em razão da passagem do tempo, teriam se tornado descontextualizados ou destituídos de interesse público relevante. [...]" (negritos no original)

Percebe-se, pois, que o voto *considera* a diversa complexidade que separa o tratamento de dados nas mídias convencionais — coleta, armazenamento, transmissão e publicização "analógica" — e o tratamento de dados no universo *digital* (e, notadamente, na rede mundial de computadores). A distinção se deve, entre outras razões, ao fato de que, no meio digital, não raramente os dados são tratados *sem uma autorização plenamente consciente* do interessado (veja-se, p. ex., o caso das redes sociais e, em especial, do *Facebook*)(24); e, ademais, pela *potencialização* do dano (veja-se, *e.g.*, o fenômeno da "viralização" de vídeos, fotografias e afins). Nada obstante, com as razões acima transcritas, o relator termina por albergar sob a mesma tese as duas situações (e, supomos, aqui está, do ponto de vista técnico-jurídico, o principal vezo de "generalização" em que incorreu a decisão).(25)

---

(24) O *Facebook* chegou a admitir o uso indevido de dados de 87 milhões de usuários, sendo 443 mil no Brasil. V. <https://www.bbc.com/portuguese/geral-43646687>. Acesso em: 10 out. 2021.

(25) A esse propósito, analisando as similitudes e as insuperáveis discrepâncias entre as pretensões de direito ao esquecimento num e outro contexto, cfr. MONTERO, VAN ENIS, 2016, pp. 253-254 (a partir de célebre julgado da *Cour d'Appel de Liège* de 24.9.2014). Em sua opinião, '{d]*ans la décision commentée, les juges font reposer en grande partie leur raisonnement sur le droit à l'oubli judiciaire, consacré de longue date à l'égard des médias classiques. Nul ne niera qu'il existe des ressemblances entre le droit à l'oubli traditionnel et le droit à l'oubli en cause dans la présente affaire.Ànotre estime, cependant, en voulant à tout prix transposer aux archives numériques le régime applicable au droit à l'oubli classique, les juges peinent à saisir les spécificités du contexte nouveau de la dissémination de l'information sur le net. [...] Tout d'abord, on voit mal ce qui pourrait s'opposer à ce que la solution dégagée puisse également s'appliquer à de nouvelles situations dans le contexte numérique et pour quelle raison cette dernière devrait être limitée au droit à l'oubli strictement judiciaire. La motivation de la Cour nous semble s'expliquer davantage par l'existence d'une jurisprudence existente dans un domaine précis que par une logique de principe. Comme il a été noté, «le droit à l'oubli ne vise pas seulement à échapper aux rappels d'infractions pénales et d'épisodes de surendettement passés,* ***mais permet à chaque individu de prendre ses distances avec des erreurs et des épisodes malchanceux plus triviaux*** *[...] À titre d'exemple, dans une affaire qui concernait une ancienne actrice de films pour adultes, l'intéressée s'était, comme l'intimé en l'espèce, retrouvée sur le devant de la scène médiatique en raison de son propre comportement et avait souhaité se «réhabiliter» aux yeux du grand public. [...]* ***40.*** *Ensuite, l'analyse de l'accessibilité permanente des archives en ligne comme véritable «redivulgation» des articles concernés nous paraît fruste.À notre sens, il s'agit plus précisément de prendre la mesure du maintien de la mise à disposition et d'une accessibilité accrue d'un article sur le réseau. Cette question diffère de celle de la « redivulgation », qui suppose la réelle volonté de l'éditeur de remettre un article « em Une », pour reprendre les termes de l'arrêt annoté. Imposer pareille xigence dans l'univers numérique sugere – quod non – que la simple accessibilité de l'information passée est le résultat d'un réexamen par l'éditeur de l'intérêt que peut représenter la diffusion de cette dernière. Or, comme nous l'avons déjà relevé, faire peser pareille obligation sur l'éditeur reviendrait à lui imposer une tâche démesurée qui l'inciterait probablement à supprimer tout service d'archives em ligne. Par ailleurs, l'exigence d'une «redivulgation» exclurait du champ d'application du «droit à l'oubli» un nombre important de situations. Le problème de l'anonymisation des articles de presse sur le net peut en effet également se poser à l'égard de contenus qui n'auraient été diffusés qu'en ligne, et qui seraient archivés immédiatement, ou dont la diffusion en ligne serait intervenue simultanément à leur publication sur un support de diffusion traditionnel*" (g.n.). No caso julgado em Liège, o tribunal de apelação confirmou a condenação civil de um editor de portal *online* que se recusou a atender um pedido de anonimização formulado por uma pessoa natural, relativamente a um processo judicial pretérito. E, como observam os autores, a doutrina tem reconhecido que o "direito de ser esquecido" que se exerce contra

Assim, porque não considerou destacadamente as hipóteses específicas do mundo digital, a decisão não pode afastar, p. ex., a vertente do direito ao esquecimento ínsita aos arts. 15 e 16 da LGPD (que sequer são referidos na decisão). Com efeito, o direito ao apagamento de dados – ou, na expressão legal, o "término do tratamento de dados" — pode e deve ser compreendido como uma manifestação particular do direito ao esquecimento, ainda que a lei não se utilize de tal expressão.

Por essa via, ademais, é certo que se podem identificar obrigações legais derivadas, sindicáveis em juízo, que decerto alcançam todos os empregadores no trato de suas relações contratuais com os respectivos empregados. Citem-se, nessa direção, informações patronais relativas a dados sensíveis de seus trabalhadores, como ainda aquelas relacionadas a eventuais faltas disciplinares praticadas.

No âmbito europeu, a propósito, já se reconhece com tranquilidade, para pessoas naturais (não, porém, para pessoas jurídicas), que

> [l]e droit à l'oubli en entreprise, ou droit au déférencement, [que] résulte d'un arrêt de la Cour de justice de l'Union européenne (CJUE) depuis mai 2014. Depuis cette date, les citoyens de l'Union Européenne disposent d'un droit à l'oubli, c'est-à-dire le droit de demander la suppression, auprès des moteurs de recherche, les résultats des requêtes portant sur leur nom, dès lors que les données concernées sont «inexactes, non pertinentes, excessives ou inadéquates». [...] Néanmoins, cette réflexion a le mérite d'ouvrir le débat sur la faute professionnelle et la gestion de l'identité des salariés et futurs candidats, dont la réputation numérique est de plus en plus pesante dans leurs relations avec la hiérarchie et leurs pairs de manière générale.[26]

A referida decisão do TJUE referiu-se a um motor de busca específico (*Google*). Por sua vez, o caso do Tribunal de Apelação de *Liège*, reportado *supra* (nota n. 23), dizia com um editor de conteúdos *online*. Em ambos os casos, o direito "geral" ao esquecimento deve ser ressignificado como *direito ao esquecimento digital*, mesmo porque, em tais casos,

> [l]e «droit à l'oubli» comme composante du droit à la vie privée répond à une préoccupation légitime, associée à l'avènement d'une mémoire numérique illimitée (MONTERO, VAN ENIS, 2016, p. 255).

Com efeito, um trabalhador demitido com justa causa poderá ter seu nome associado indefinidamente à hipótese do art. 482 da CLT, em redes sociais e motores de busca, independentemente da passagem do tempo? De outra parte, supondo tratar-se de caso relativamente rumoroso, qual o "interesse público" em que uma determinada reportagem em portal jurídico na *internet*, que acaso reporte o teor do julgamento

---

um editor de conteúdos *online* tem características próprias, distinguindo-se, por um lado, do direito ao esquecimento judicial "tradicional", e, de outra parte, distingue-se do "direito de desreferenciamento" (ou de desindexação) oponível a motores de pesquisa.

(26) Cfr. *OPENWORK*, 10 out. 2018.

originário em segundo grau (e, logo, um conteúdo *correto* ao tempo da publicação), eternize-se sem a atualização do caso, especialmente se houver revisão total ou parcial junto ao Tribunal Superior do Trabalho? Em situações como essa, a preservação da privacidade e da dignidade ganham expressão, segundo entendemos, conforme o tempo flua e torne cada vez mais remoto o momento histórico da falta disciplinar (ou do seu julgamento em juízo). O Tribunal de Justiça da União Europeia já reconheceu tal direito, aliás, inclusive para a pessoa natural responsável pela *administração* de empresa gerida de modo ruinoso;[27] com maior razão — e até mesmo em razão dos vetores normativos que regem a condição obreira (como, *e.g.*, o princípio da proteção) —, deve-se reconhecê-lo, conforme as circunstâncias do caso concreto, em favor de *trabalhadores* que se vejam associados a faltas disciplinares no âmbito da empresa.

Assim há sempre de ser, ademais, tendo em conta as circunstâncias particulares de cada caso submetido ao Poder Judiciário, desde que o pretendido "esquecimento" imponha-se a partir de juízos de ponderação que considerem prevalecer, à mercê da *adequação* (*"Geeignetheit"*), da *necessidade* (*"Erforderlichkeit"*) e da *proporcionalidade em sentido estrito* (*"Grundsatz des Angemessenheits"*),[28] direitos fundamentais ou personalíssimos que, na espécie, não devam ser infletidos a bem de uma "liberdade de expressão". Assim será, *e.g.*, se o que estiver em causa, sob o pálio de tal "liberdade", não for mais do que o propósito de porfiar, de emular — na acepção mais negativa da palavra — ou mesmo o de simplesmente satisfazer uma difusa curiosidade malsã. Observe-se que já se admite, em perspectiva universal, que o Estado-juiz estabeleça restrições de diversas ordens — inclusive *prévias*, onde couber — ao sigilo de comunicações, à liberdade corporal-espacial[29] e à liberdade de associação, entre outros direitos, liberdades e

(27) **CJUE, 9 Mars 2017. De acordo com o TJUE, "**[l]*es inscriptions qui lient le nom d'une personne physique à une phase critique de la vie de l'entreprise (comme la faillite) ne peuvent être pérennes, à défaut d'un intérêt général spécifique à leur conservation et divulgation*"**. Tratava-se de uma pretensão de M. Manni, único administrador da sociedade *Italiana Costruzioni*, que sofrera grande prejuízo ao ensejo de negociação comercial imobiliária.**

(28) ALEXY, 2004, p.38 e ss.

(29) Veja-se no Brasil, como exemplo dessas restrições prévias à liberdade de ir e vir – a bem da vida e da integridade física, psíquica e moral da mulher –, o art. 22, III. *"a"* e *"b"*, da Lei n. 11.340/2006 (Lei Maria da Penha), pelo qual, "[c]*onstatada a prática de violência doméstica e familiar contra a mulher, nos termos desta Lei, o juiz poderá aplicar, de imediato, ao agressor, em conjunto ou separadamente, as seguintes medidas protetivas de urgência, entre outras:* [...] III- proibição de determinadas condutas, entre as quais: a) aproximação da ofendida, de seus familiares e das testemunhas, fixando o limite mínimo de distância entre estes e o agressor "; e *"b) frequentação de determinados lugares a fim de preservar a integridade física e psicológica da ofendida"*. Considere-se ainda, na mesma linha, o próprio inciso I do mesmo art. 22, que autoriza a suspensão da posse e/ou a restrição do porte de armas, a despeito das possibilidades abertas pela Lei n. 10.826/2003 (Estatuto do Desarmamento), pelas quais, atendidos determinados requisitos formais, o agressor poderia adquirir ou portar arma de fogo, inclusive para a própria proteção. E, convenha-se, o contexto de violência doméstica e familiar *justifica plenamente tais restrições*, ainda se *prévias* a qualquer ato efetivo de agressão; não por outra razão, aliás, a Lei n. 11.340/2003 teve excelente acolhida na doutrina e na jurisprudência. Em outros contextos, sob diferentes circunstancialidades, não se poderia restringir a dita "liberdade de expressão"

garantias fundamentais;[(30)] em geral, nesses casos, o que se exige é basicamente o requisito extrínseco da *judicialidade* (i.e., a chancela subjetivada na atuação do órgão jurisdicional competente), para além dos clássicos requisitos intrínsecos da proporcionalidade (*supra*).[(31)] E, se é assim para tão eminentes situações jurídico-subjetivas constitucionais, não é sequer razoável supor que, em relação à liberdade de expressão (e/ou ao direito público de informação), iguais restrições não se possam verificar concretamente.

Se tais restrições serão justificadas por um "direito ao esquecimento" — que, a nosso ver, poderia (e deveria) ser reconhecido, em casos concretos, como derivação do direito geral de personalidade[(32)], especialmente no universo digital —, ou se serão

---

(ou de informação), a bem de resguardar a pessoa (inclusive a mulher) contra interesses muitas vezes mesquinhos, senão puramente econômicos? Reflita-se, p. ex. — e é realmente apenas um convite à reflexão, pois não derivaremos maiores conclusões neste texto —, sobre a dramática história de Linda Susan Boreman (1949-2002), conhecida como *Linda Lovelace*, e sua brutal sujeição ao marido Chuck Traynor, que, para além de agredi-la e humilhá-la com frequência, supostamente a obrigou/induziu a gravar filmes pornográficos — sendo *"Deep Throat"* (1972) o mais célebre deles — com níveis profundos de perversão (em um deles, teria sido instada a manter relações sexuais com um cão). Boreman alegou jamais ter recebido qualquer salário por sua atuação em *"Garganta Profunda"*, chegando a afirmar que gravou cenas com uma arma apontada contra a sua cabeça; afirmou, mais, que os produtores William Links, Lou Peraino e Phil Peraino pagaram a seu ex-marido — não a ela — apenas 1.250 dólares, embora a película tenha rendido mais de 600 milhões de dólares. Somente nos anos oitenta, após livrar-se de Traynor — denunciado às autoridades policiais em 1973 — e se casar novamente, afastou-se definitivamente do *set* pornográfico e se tornou ativista contra a indústria da pornografia. Nada obstante, o passado jamais lhe deixou em paz: Susan padeceu com sucessivos quadros de depressão até o acidente automobilístico que a vitimou, em 2002. Jamais buscou impedir, em juízo, a circulação do fatídico filme (e de outros de que participou, antes e depois, entre 1971 e 1975); mas, supondo-se verdadeiras as circunstâncias narradas (inclusive quanto aos ensejos de violência física, psíquica e moral, como também a condição de extrema exploração econômica a que foi submetida, ainda que não se possa refutar, pelas regras então em vigor e à vista das evidências disponíveis, a "licitude" das imagens obtidas e publicadas), *pode-se cogitar do quanto poderia ser justo e pedagógico assegurar judicialmente um "direito ao esquecimento" para quem se submeteu a espetáculos ou obras de caráter público assim degradantes*. Cfr., por todos, a autobiografia *Ordeal* (LOVELACE, McGRADY, 1980, *passim*), reportando, inclusive, a suposta condição pretérita de *"porn slave"*). Ainda a esse respeito, apresentando parcialmente o drama narrado em *Ordeal* (*supra*), pode-se ver a película *Lovalace* (2013), de Rob Epstein e Jeffrey Friedman, com Amanda Seyfried como Lovalece; o filme, porém, foi recebido pela crítica especializada com algum ceticismo (inclusive pela forma como o roteiro teria "simplificado" os obscuros escaninhos da indústria pornográfica norte-americana).

(30) FELICIANO, 2016, *passim* (especialmente subseção 14.1, III, sobre o *"substantive due process"*, citando, no panorama jurídico universal, casos de restrição constitucional à liberdade de expressão).

(31) GONZALES-CUELLAR SERRANO, 1990, p. 69-71, 99-103, 109-113, 141-143, 153-242.

(32) A dita "doutrina pluralista" dos direitos de personalidade fragmenta a proteção jurídica da pessoa humana a partir do reconhecimento de direitos personalíssimos "tipificados" em fontes formais do direito interno (o que, no limite, termina por *desguarnecer* aspectos da personalidade ainda não alcançados por textos legislativos, como no Brasil se daria, *e.g.*, com o direito à tranquilidade psíquica, o direito a um projeto de vida — quiçá superado, na esfera trabalhista, com a edição da Lei n. 13.467/2017 e o art. 223-B da CLT —, o próprio direito ao esquecimento ou mesmo, em uma perspectiva futurista, o direito de não ser clonado). Com efeito, *"as disposições legais não esgotam todo o conteúdo da tutela da personalidade humana, surgindo aspectos que não encontram proteção nas normas legais existentes"* (BELTRÃO, 2005, p. 54); isso é tanto mais

explicadas sucedaneamente por qualquer outro fundamento jurídico racionalmente posto (basicamente porque o Excelso Pretório "desautorizou" o conceito), é definitivamente o que menos importa.

Considerações finais

Embora a passagem do tempo não tenha o condão de apagar o passado e fazer novas as experiências nele vivenciadas, certamente consegue fazer com que determinadas chagas — especialmente as morais e psíquicas — sejam cicatrizadas. Assegurar essa recomposição, na perspectiva da tutela de um direito geral de personalidade, pode seguramente se antepor a um "direito à memória" individual ou coletiva, a depender das circunstâncias de cada caso. Esse direito deve ser preservado, ao revés, quando igualmente alicerçado em interesses jurídicos legítimos, como aqueles relacionados à restauração e salvaguarda dos registros históricos de contextos sangrentos, ditatoriais ou violentos a que se sujeitou determinado grupo social, comunidade ou população nacional. De outra parte, quando tais interesses não estão presentes, ou ainda quando sejam meramente residuais, inaptos a exigir do indivíduo o sacrifício vitalício de sua integridade, o assim chamado "direito ao esquecimento" — ou à honra, ou à imagem, ou à privacidade, ou como se queira denominá-lo (à vista da tese de repercussão geral aprovada por ocasião do julgamento do RE 1.010.606) — deverá ser judicialmente assegurado, particularmente diante dos riscos macrolesivos das exposições pela via digital. Nada obsta, ademais, a que essa tutela se assegure inclusive preventivamente, na linha do que dispõe o art. 70º do Código Civil português quanto à tutela geral da personalidade (*"Independentemente da responsabilidade civil a que haja lugar, a pessoa ameaçada ou ofendida pode requerer as providências adequadas às circunstâncias do caso, com o fim de evitar a consumação da ameaça ou atenuar os efeitos da ofensa já cometida"*).

Nessa senda, o fundamento da dignidade da pessoa humana — e, por ele, o resguardo de predicamentos irrenunciáveis e indisponíveis do direito geral de personalidade, como a integridade moral e psíquica do indivíduo — remete seguramente para a necessidade de compatibilização entre a liberdade de expressão e os ditos direitos personalíssimos (ou, como entendemos, os aspectos do direito geral de personalidade), mesmo à margem da tipificação legal de um "direito ao esquecimento". Ademais, na perspectiva do direito digital, há um interesse público primário, essencialmente difuso,

---

verdadeiro quando se constata a progressiva configuração de novas dimensões a serem tuteladas, em vista da evolução dinâmica do conceito de pessoa (humana) e de seus predicamentos. Já por isso, é de rigor reconhecer, à maneira do art. 70º do Código Civil português, a preexistência de um "[...] *direito geral da personalidade* [que] *pugna pelo reconhecimento de que a personalidade deve ser protegida de forma global, considerando a própria natureza da pessoa, que representa um valor unitário. Proclama-se a existência de um direito que protege a pessoa como um todo, apto a tutelar qualquer aspecto da personalidade, coibir qualquer tipo de comportamento lesivo. A proteção não se esgota em direito tipificados*" (GARCIA, 2007, p. 73 e ss.). É como pensamos.

que se põe como supedâneo universal das pretensões legítimas ao "esquecimento", na medida em que, a bem da moralidade pública e da pacificação social, interessa a toda sociedade que determinadas informações individuais, coletadas no bojo das relações contratuais a que habitualmente as pessoas se sujeitam (como, *e.g.*, o contrato de trabalho), sejam anonimizadas ou descartadas após o cumprimento de suas finalidades.

Na tensão entre o tempo e a memória, enfim, melhor seria evocar o Bardo:

> *Não, Tempo, não zombarás de minhas mudanças!*
>
> *As pirâmides que novamente construíste*
> *Não me parecem novas, nem estranhas;*
> *Apenas as mesmas com novas vestimentas.*
>
> William Shakespeare

O tempo, com efeito, pode ser cruel, sobretudo se as suas marcas negativas se perenizarem, reconstituindo-se incessantemente, qual pena perpétua, em detrimento de quem já não deveria suportar sobre os ombros o mesmo peso moral de outrora. Sob tais circunstâncias, se a expressão ou a informação pública não possuir real interesse público, a pessoa humana — e a sua individualidade — deverá ter a primazia da proteção. Isto inclusive está subentendido na própria Tese de Repercussão Geral n. 786, a despeito da sua pretendida ruptura conceitual.

Referências bibliográficas

AGÊNCIA BRASIL. *Para Bolsonaro, não houve ditadura no Brasil.* Brasília, 27 mar. 2019. Disponível em: <https://agenciabrasil.ebc.com.br/politica/noticia/2019-03/para-bolsonaro--nao-houve-ditadura-no-brasil>. Acesso em: 10 out. 2021.

ALEXY, Roberto. *Epílogo a la teoría de los derechos fundamentales.* Trad. Carlos Berbal Pulido. Madrid: Colegio de Registradores de la Propiedad y Mercantiles de España (Centro de Estudios), 2004.

BELTRÃO, Silvio Romero. *Direitos da personalidade:* De acordo com o novo código civil. São Paulo: Atlas, 2005.

BENTIVEVEGNA, Carlos Frederico Barbosa; BAUAB, José Renato Felix. Direito ao esquecimento: Necessidade jurídica e de saúde. *Revista de Direito e Medicina*, vol. 6, maio-ago. 2020, p. 1-17.

BLADE Runner. Direção: Ridley Scott. Produção: Michael Deeley. Intérpretes: Harrison Ford; Rutger Hauer; Sean Young; Edward James Olmos e outros. Roteiro: Hampton Fancher e David Peoples. Música: Vangelis. Los Angeles: Warner Brothers, c1991. 1 DVD (117 min). widescreen, color. Produzido por Warner Video Home. Baseado na novela "Do androids dream of electric sheep?" de Philip K. Dick.

BRASIL. *Constituição Federal da República Federativa do Brasil: de 5 de outubro de 1988.* Disponível em: <http://www.planalto.gov.br/ccivil_03/constituicao/constituicao.htm>. Acesso em: 16 ago 2021.

______. *Lei n. 4.504, de 30 de novembro de 1964*. Dispõe sobre o Estatuto da Terra e dá outras providências. Disponível em: <http://www.planalto.gov.br/ccivil_03/leis/l4504.htm>. Acesso em: 22 ago. 2021.

______. *Lei n. 13.853, de 8 de julho de 2019*. Altera a Lei n. 13.709, de 14 de agosto de 2018, para dispor sobre a proteção de dados pessoais e p para criar a Autoridade Nacional de Proteção de Dados; e dá outras providências. Brasília, DF. Disponível em: <http://www.planalto.gov.br/ccivil_03/_ato2019-2022/2019/lei/l13853.htm>. Acesso em: 22 ago. 2021.

______. *Lei n. 12.528, de 18 de novembro de 2011.* Cria a Comissão Nacional da Verdade no âmbito da Casa Civil da Presidência da República. Disponível em: <http://www.planalto.gov.br/ccivil_03/_ato2011-2014/2011/lei/l12528.htm>. Acesso em: 22 ago. 2021.

______. *Lei n. 13.709, de 14 de agosto de 2018.* Lei Geral de Proteção de Dados Pessoais (LGPD). Disponível em: <http://www.planalto.gov.br/ccivil_03/_ato2015-2018/2018/lei/l13709.htm>. Acesso em: 16 ago. 2021.

______. Poder Judiciário. *Enunciado n. 531*. VI Jornada de Direito. Civil. Brasília, 2013. Disponível em: <cjf.jus.br/enunciados/142>. Acesso em: 18 ago. 2021.

______. Superior Tribunal de Justiça. *Agravo regimental no* Habeas Corpus *(AgRg no HC) n. 642772/SC.* Relator: Data do julgamento: 04.05.2021. Disponível em: <https://scon.stj.jus.br/SCON/pesquisar.jsp>. Acesso em: 22 ago. 2021.

______. Superior Tribunal de Justiça. Notícias. *Quarta Turma volta a discutir violação à honra em programa sobre Chacina da Candelária após decisão do STF sobre direito ao esquecimento.* Brasília, 05 ago. 2021. Disponível em: <https://www.stj.jus.br/sites/portalp/Paginas/Comunicacao/Noticias/05082021-Quarta-Turma-volta-a-discutir-violacao-a-honra-em-programa-sobre-Chacina-da-Candelaria-apos-decisao-do-STF-sobre.aspx>. Acesso em: 18 ago. 2021.

______. Superior Tribunal de Justiça. *Recurso Especial N. 1.334.097–RJ (2012/0144910-7).* Relator: Ministro Luis Felipe Salomão. Órgão julgador: Quarta Turma. Data do Julgamento: 28.5.2013, Disponível em: <https://processo.stj.jus.br/processo/revista/documento/mediado/?componente=ATC&sequencial=31006510&num_registro=201201449107&data=20130910&tipo=5&formato=PDF>. Acesso em: 18 ago. 2021.

______. *Supremo Tribunal Federal. Recurso Extraordinário RE n. 1.010.606/RJ.* Relator: Ministro Dias Tófolis. Órgão julgador: Pleno. Data do julgamento: 11.2.2021. Disponível em: <https://jurisprudencia.stf.jus.br/pages/search?base=acordaos&pesquisa_inteiro_teor=false&sinonimo=true&plural=true&radicais=false&buscaExata=true&page=1&pageSize=10&queryString=tese%20de%20repercuss%C3%A3o%20geral%20direito%20ao%20%20esquecimento&sort=_score&sortBy=desc>. Acesso em: 21 ago. 2021.

CIGANA. Paula Fabíola; ROCHA. Maria Célia Albino da. Direito ao Esquecimento: os limites do direito à informação e a liberdade de expressão na era tecnológica. In: Direitos e garantias fundamentais. *II. CONPEDI.* SILVA. Delmo Mattos da; FREITAS. Riva Sobrado de; BEÇAK. Rubens (Coords.). Florianópolis: CONPEDI, 2017. Disponível em: <http://conpedi.danilolr.info/publicacoes/27ixgmd9/o61z9nus/jcLr8pW0U47C9875.pdf>. Acesso em: 15 ago. 2021.

COELHO. Júlia Costa de Oliveira. *Direito ao esquecimento e seus mecanismos de tutela na internet:* como alcançar uma proteção real no universo virtual? SCHREIBER, Anderson; MORAES. Bruno Terra de; TEFFÉ. Chiara Spadaccini de (Coords.). Indaiatuba: Editora Foco, 2020.

FELICIANO, Guilherme Guimarães. *Por um processo realmente efetivo:* Tutela processual de direitos humanos fundamentais e inflexões do *due process of law*. São Paulo: LTr, 2016.

FRAJHOF, Isabella Zalcberg. *O Direito ao esquecimento na* internet. São Paulo: Almedina, 2019.

FRETTA, Ricardo. Repercussão geral e sua qualificação como precedente obrigatório. In: *Empório do Direito*. O Novo Processo Civil Brasileiro (coluna), 9.11.2018. Disponível em: <https://emporiododireito.com.br/leitura/repercussao-geral-e-sua-qualificacao-como-precedente-obrigatorio>. Acesso em: 3 set. 2021.

GARCIA, Enéas Costa. *Direito geral da personalidade no sistema jurídico brasileiro.* São Paulo: Juarez de Oliveira, 2007.

GONZALES-CUELLAR SERRANO, Nicolas. *Proporcionalidad y derechos fundamentales en el proceso penal.* Madrid: Colex, 1990.

LARANJA Mecânica. Direção: Stanley Kubrick. Produção: Warner Bros; Hawk Films, 1971, DVD (137 min.). Intérpretes: Malcolm McDowell, Adrienne Corri, Patrick Magee e outros. Música: Wendy Carlos. Reino Unido/EUA.

LIMA. Erik Noleta Kirk Palma. Direito ao Esquecimento. Discussão europeia e sua repercussão no Brasil. *Revista Legislativa,* ano 50, n. 199, jul./set. 2013, p. 271/283. Disponível em: <https://www12.senado.leg.br/ril/edicoes/50/199/ril_v50_n199>. Acesso em: 17 ago. 2021.

LOVELACE, Linda. McGRADY, Mike. *Ordeal:* An autobiography. New York: Citadel Press, 1980.

MANSUR, Rafael. Decisão do STF não é 'pá de cal' no direito ao esquecimento. Opinião. *Consultor jurídico.* 24 fev. 2021. Disponível em: <https://www.conjur.com.br/2021-fev-24/mansur-stf-nao-jogou-pa-cal-direito-esquecimento>. Acesso em: 2 set. 2021.

MATRIX. Direção: As Wachowski. Produção: Joel Silver. Distribuição: Warner Bros. 1999, (136min). Intérpretes: Keanu Reeves; Laurence Fishburne; Carrie-Anne Moss e outros. Música: Don Davis.

MAURMO. Júlia Gomes Pereira. Direito ao Esquecimento. *Enciclopédia Jurídica da PUC-SP.* Celso Fernandes Campilongo, Alvaro de Azevedo Gonzaga e André Luiz Freira (Coords.). Tomo Direito Administrativo e Constitucional. Vidal Serrano Nunes Jr., Maurício.

MELO. O significado do Direito ao Esquecimento. Termo não parece ser uma boa escolha de palavras. *Conjur.* 22 nov. 2016, Disponível em: <https://www.jota.info/opiniao-e-analise/artigos/o-significado-direito-ao-esquecimento-22112016>. Acesso em: 22 ago. 2021.

MONTERO, Etienne. VAN ENIS, Quentin. Les métamorphoses du droit à l'oubli sur le net. In: *Revue générale de droit civil belge.* [s.l.]: Wolters Kluwer, 2016. n. 5.

OLIVEIRA, Carlos; SCHREIBER, Anderson; SOUZA. Direito ao esquecimento e liberdade de expressão — Tema n. 786: os impactos da decisão do STF. Debate jurídico. *Canal*

Direito Civil Brasileiro. In: TOSCANO, Rodrigo (Coord.). Duração: 1:58:51. Disponível em: <youtube.com/watch?v=as-0A9vvwk8>. Acesso em: 18 ago. 2021.

OPENWORK. *Le droit à l'oubli en entreprise.* Disponível em: <*https://www.openwork.co/fr/blog/le-droit-loubli-en-entreprise*>. Acesso em: 10 out. 2021.

ORWELL. George. *Mil Novecentos e Oitenta e Quatro.* Tradução: Heloisa Jahn e Alexandre Hubner. São Paulo: Cia. das Letras, 2019.

PINHEIRO, Denise. *A liberdade de expressão e o passado:* Desconstrução da ideia de um direito ao esquecimento. Tese de Doutorado. Florianópolis: Universidade Federal de santa Catarina/ Centro de Ciências Jurídicas, 2016.

ROSEN. Jeffrey. The right to be forgotten. *Stanford Law Rewiew*, v. 64, Stanford, Feb. 2021, p. 88-92. Disponível em: <https://www.stanfordlawreview.org/online/privacy-paradox-the-right-to-be-forgotten/>. Acesso em: 21 ago. 2021.

SARLET, Ingo Wolfgang. Direitos Fundamentais. Do caso Lebach ao caso Google vc. Agencia Espanhola de Proteção de Dados. *Consultor Jurídico.* Disponível em: <www.conjur.com.br/2015-jun-05/direitos-fundamentais-lebach-google-vs-agencia-espanhola-protecao-dados-mario-gonzalez>. Acesso em: 19 ago. 2021.

______. Direitos fundamentais. Do caso Lebach ao caso Google vs. Agencia Espanhola de Proteção de Dados. *Consultor Jurídico.* 5 jun. 2015. Disponível em: <https://www.conjur.com.br/2015-jun-05/direitos-fundamentais-lebach-google-vs-agencia-espanhola-protecao-dados-mario-gonzalez?imprimir=1>. Acesso em: 20 ago. 2021.

______. Direitos Fundamentais. STF e direito ao esquecimento: julgamento a ser esquecido ou comemorado? *Consultor Jurídico.* 5 mar. 2021. Disponível em: <https://www.conjur.com.br/2021-mar-05/direitos-fundamentais-stf-direito-esquecimento-julgamento-esquecido-ou-comemorado>. Acesso em: 21 ago. 2021.

SCHREIBER. Anderson. Nossa ordem jurídica não admite proprietários de passado. *Consultor Jurídico.* 12 jun. 2017. Disponível em: <https://www.conjur.com.br/2017-jun-12/anderson-schreiber-nossas-leis-nao-admitem-proprietarios-passado>. Acesso em: 22 ago. 2021.

UNIÃO EUROPEIA. *Regulamento (Ue) 2016/679 do Parlamento Europeu e do Conselho, de 27 de abril de 2016.* Relativo à proteção das pessoas singulares no que diz respeito ao tratamento de dados pessoais e à livre circulação desses dados e que revoga a Diretiva 95/46/CE (Regulamento Geral sobre a Proteção de Dados). Jornal oficial da União Europeia, L119/1, 4.5.2016. Disponível em: <htpps://eur-lex.europa.eu/legal-content/PT/TXT/?uri=celex%3A32016R0679>. Acesso em: 21 ago. 2021.

WIKIPEDIA. *Caso Aída Curi.* Disponível em: <https://pt.wikipedia.org/wiki/Caso_A%C3%ADda_Curi>. Acesso em: 21 ago. 2021.

WOHJAN. Bruna Marques. WISNIEWSKI. Alice. Direito ao Esquecimento: Algumas Perspectivas. In: *XII Seminário Internacional de Demandas Sociais e Políticas na Sociedade Contemporânea. VIII mostra de trabalhos jurídicos científicos.* Departamento de Direito. Curso de Direito. CEPEJUR, 2015. Disponível em: <file:///C:/Users/c099-5/AppData/Local/Temp/13227-6965-1-PB.pdf>. Acesso em: 22 ago. 2021.

Orçamento da Seguridade Social e a Efetividade Dos Direitos Sociais

Decadência e Prescrição das Contribuições para a Seguridade Social

Décio Bruno Lopes[1]

Resumo: O tema "decadência e prescrição das contribuições para a seguridade social" foi muito debatido no passado o Supremo Tribunal Federal — STF julgar a natureza jurídica dessas contribuições quando se estabeleceu a sua natureza tributária e consequentemente a sua vinculação ao tratamento dispensado ao assunto pelo Código Tributário Nacional — CTN. A partir de então, mesmo com as constantes reformas da previdência Social mediante justificativas de déficits no custeio e com as políticas de desonerações e renúncias fiscais, o assunto parece ter perdido importância no meio jurídico-político, acadêmico e no próprio âmbito da justiça.

Após a Súmula Vinculante n. 08/2008 do STF, não houve interesse por parte do Poder Executivo, nem do Legislativo em se estabelecer um prazo de decadência e prescrição compatível com as questões específicas do custeio previdenciário frente a necessidade de financiamento, principalmente no Regime Geral de Previdência Social — RGPS. Assim o Plano de Custeio da seguridade social e especificamente em relação à previdência, deixou de tratar o assunto, que ficou adstrito ao tratamento apenas tributário das contribuições da seguridade, principalmente as contribuições previdenciárias, mesmo sendo estas, a referibilidade direta para concessão dos benefícios.

Palavras-chave: Seguridade Social, custeio, financiamento tripartite, princípios, natureza jurídica, exação *sui generis*.

Introdução

(1) Bacharel em Direito, Ciências Contábeis e Administração de Empresas pela PUC-Minas. Pós-Graduação em Direito do Trabalho e Previdenciário pela Universidade Gama Filho - RJ. Mestrado em Direito das Relações Sociais/Direito Previdenciário pela PUC-SP. Ex-inspetor de Controle Extrno do Tribunal de Contas do Estado de Minas Gerais. Ex-Auditor Fiscal da Previdência Social. Auditor-Fiscal da Receita Federal do Brasil (aposentado), tendo atuado na área tributária e na Auditoria e Fiscalização das Entidades Fechadas de Previdência Complementar na Superintendência Nacional da Previdência Complementar — PREVIC. Ex-Presidente da Associação Nacional dos Auditores Fiscais da Receita Federal do Brasil - ANFIP. Professor de Direito em cursos de graduação e pós-graduação e atualmente, Conselheiro efetivo do Conselho Nacional dos Regimes Próprios de Previdência Social - CNRPPS, representante dos servidores públicos federais, eleito pelo Forum Nacional de Carreiras Típicas de Estado — FONACATE.

A Previdência Social brasileira foi instituída como um regime contributivo e obrigatório. Desde a sua origem com a Lei Eloy Chaves — Decreto n. 4.682, de 24 de janeiro de 1923 e a criação das Caixas de Aposentadoria e Pensões, o financiamento da previdência social sempre observou a forma tríplice de custeio com as contribuições a cargo do empregador, do empregado ou segurado e do Estado, sendo que essa tríplice forma de custeio somente veio aparecer pela primeira vez na Constituição de 1934, mas que perdura até os dias atuais.

Originalmente, as contribuições a cargo da empresa incidiam sobre o faturamento, mais tarde passando a incidir sobre a folha de pagamento dos empregados e a contribuição dos segurados, sempre incidiram sobre o seu salário de contribuição, observado limites mínimo e máximo. A contribuição da União, inicialmente, denominadas de "cotas de previdência" que incidiam sobre os mais diversos fatos jurígenos ligados à renda ou ao consumo, a exemplo do faturamento, lucro, importação, concursos de prognósticos, entre outros, atualmente correspondem a destaques orçamentários no Orçamento da União, no caso RGPS.

A Constituição de 1988 instituiu a Seguridade Social composta pelas árias de saúde previdência e assistência social estabelecendo financiamento e orçamento específicos para a área social, distintos do orçamento fiscal. A Lei n. 8.212/91 instituiu o plano de custeio da seguridade social e a Lei n. 8.213/91 instituiu o plano de benefícios da previdência social.

Em relação ao tema decadência e prescrição, a Lei n. 3.807/60, que dispunha sobre a Lei Orgânica da Previdência Social — LOPS, ao unificar a legislação sobre custeio e benefícios das Caixas de Aposentadoria e Pensões — CAPS e dos Institutos de Aposentadoria e Pensões — IAPS, fixou o prazo decadencial/prescricional em 30 anos.

Com a instituição do Sistema Tributário Nacional pela Emenda Constitucional n. 18/65 e a edição do Código Tributário Nacional – CTN pela Lei n. 5.172/66, que estabeleceu normas gerais de direito tributário, o ordenamento jurídico brasileiro passou a contar com duas normas disciplinadoras das exações: a LOPS disciplinando as contribuições previdenciárias e o CTN disciplinando os impostos, taxas e contribuições de melhoria, situação esta que passou a dominar os embates doutrinários e jurisprudenciais acerca da natureza jurídica das contribuições previdenciários com fulcro no estabelecimento, para as contribuições previdenciárias, do mesmo prazo decadencial e prescricional estabelecido em 05 (cinco) anos pelo CTN em relação aos tributos.

Diversas teorias se apresentaram, entre elas, aquelas relacionadas ao contrato de trabalho e aquelas voltadas para o caráter tributário das contribuições (imposto, taxa, contribuição de melhoria), além da teoria da parafiscalidade e da exação *sui generis*.

Mas a jurisprudência se quedou aos apelos da doutrina tributarista enquadrando como tributo as contribuições previdenciárias e atualmente, da seguridade social.

Uma vez definido o caráter tributário das contribuições da seguridade social, a saga dos tributaristas frente a justiça se resume em submeter tais contribuições ao Código Tributário Nacional, recepcionado pela Constituição de 1988 como lei materialmente complementar e por via de consequência, estabelecer que os prazos de decadência e de prescrição sejam aqueles estabelecidos nos arts. 73, 74 e 150, § 4º do CTN, ou seja, de cinco anos, em detrimento do prazo de dez anos estabelecido nos arts. 45 e 46 da Lei n. 8.212/91 que dispõe sobre a organização da Seguridade Social e institui o seu Plano de Custeio, com base nos arts. 194 e 195 da Constituição Federal, observado o disposto nos arts. 58 e 59 do Ato das Disposições Constitucionais Transitórias.

Em 2008, com a edição da Súmula Vinculante n. 08, o Supremo Tribunal Federal declarou inconstitucional os arts. 45 e 46 da Lei n. 8.212/1991, que tratavam da decadência e prescrição das contribuições para a seguridade social entre elas as contribuições previdenciárias, que a nosso ver não deveriam estar sujeitas ao mesmo tratamento dos tributos e demais contribuições.

Por se tratar de assunto um tanto complexo, não temos pretensão de esgotar o tema, mas apenas colocar luz naquilo que entendemos ser de extremaimportância para a saúde de qualquer regime previdenciário: a efetividade doseu financiamento frente aos benefícios que se compromete a pagar, em consonância com os princípios da precedência do custeio e do equilíbriofinanceiro e atuarial.

1. Contribuições previdenciárias e contribuições para a Seguridade Social no ordenamento jurídico brasileiro

A Lei Eloy Chaves (Decreto n. 4.682, de 24.01.1923), ao instituir as Caixa de Aposentadorias e Pensões para as diversas categorias de trabalhadores, trouxe em seu bojo uma tríplice forma de custeio para financiar o pagamento das prestações a que os trabalhadores e seus dependentes teriam direito, de forma semelhante ao atual sistema de seguridade social instituído pela Constituição Federal de 1988. Tal regime previdenciário se financiaria com contribuições dos empregados e/ou segurados da previdência social, das empresas e contribuições a cargo do Estado.

De acordo com a referida lei, os recursos destinados ao custeio daquelas caixas provinham de três fontes:

a) dos empregados ferroviários, correspondente a 3% dos respectivos vencimentos;

b) da empresa, representando uma contribuição anual de 1% de sua renda bruta, porém com repasse mensal do mesmo valor descontado dos empregados;

c) do valor correspondente ao adicional de 1,5% (um e meio por cento) nas tarifas das estradas de ferro.

Com foco no financiamento do então regime previdenciário, a Constituição de 1934 foi a primeira a estabelecer a matriz do DireitoPrevidenciário que nascido no seio do Direito do Trabalho, começaria a trajetória rumo à sua autonomia em relação aos demais ramos do direito, já no caminho de uma verdadeira seguridade social, prevendo a sua tríplice forma de custeio, nos seguintes termos:

> Art. 121 – A lei promoverá o amparo da produção e estabelecerá as condições do trabalho, na cidade e nos campos, tendo em vista a proteção social do trabalhador e os interesses econômicos do País.
>
> § 1º A legislação do trabalho observará os seguintes preceitos, além de outros que colimem melhorar as condições do trabalhador:
>
> [...]
>
> h) assistência médica e sanitária ao trabalhador e à gestante, assegurando a esta descanso antes e depois do parto, sem prejuízo do salário e do emprego, e instituição de previdência, mediante contribuição igual da União, do empregador e do empregado, a favor da velhice, da invalidez, da maternidade e nos casos de acidentes de trabalho ou de morte.

Como se percebe, a Constituição de 1934 veio consolidar o modelo de previdência do Estado Brasileiro para os trabalhadores da iniciativa privada, cuja essência perdura até os dias atuais, ainda que a previdência tenha sido inserida num conceito mais amplo de proteção social no contexto da seguridade social.

É fato que tal modelo previdenciário, surgira com financiamento próprio, distinto da tributação, de forma a tornar o sistema auto-sustentável, e assim, garantir a subsistência do trabalhador e de sua família nos momentos de infortúnio. Vale dizer que a legislação previdenciária, então vigente, fixava-se no âmbito das empresas ou de categorias profissionais cujas caixas e institutos de aposentadoria e pensões se encarregavam de pagar seus benefícios de acordo com o fundo constituído através das respectivas contribuições.

A uniformização das contribuições e dos benefícios previdenciários ocorreu com a edição da Lei n. 3.807, de 26 de agosto de 1960 — Lei Orgânica da Previdência Social (LOPS) — regulamentada pelo Regulamento Geral da Previdência Social — RGPS aprovado pelo Decreto n. 48.959-A, de 19.09.60.

A partir desses instrumentos normativos, a previdência social passou a ser financiada através das seguintes contribuições:

> I – dos segurados em geral, em percentagem de 8% (oito por cento) incidente sobre o seu salário de contribuição, destinada ao pagamento das prestações;

II – dos segurados servidores da União, Estados, Municípios e Territórios e de autarquias, compreendidos no regime do RGPS, em percentuais incidentes sobre seu salário de contribuições estabelecidos em legislação própria, destinada ao pagamento das prestações;

III – das empresas em geral, em quantia igual à que for devida pelos segurados empregados e empregadores por seu intermédio filiados à previdência social, assim como pelos trabalhadores avulsos a seu serviço destinada à participação no custeio das prestações;

IV – das empresas autárquicas, em quantia igual à que for devida por seus servidores, destinada à participação no custeio das prestações;

V – da União Federal, em quantia até igual ao total das contribuições dos empregados e dos servidores, destinada ao custeio das despesas de administração geral, inclusive pessoal, das instituições de previdência social, bem como a cobrir as insuficiências financeiras e os déficits técnicos nelas verificados;

VI – dos trabalhadores autônomos, em percentagem igual à contribuição do empregado e para a mesma finalidade desta;

VII – dos segurados domésticos em percentagem igual ao dobro à contribuição do empregado e para a mesma finalidade desta;

VIII – dos segurados que inscreverem tempo de serviço durante o qual não hajam contribuído para a previdência social.

IX – rendimento de seu patrimônio, as doações e legados e as rendas extraordinárias ou eventuais.

Nos termos do art. 71 da LOPS e do art. 227 do RGPS, a contribuição da União ficou estabelecida pelo produto de taxas cobradas diretamente do público sob a denominação genérica de "cota de previdência", em percentuais incidentes sobre faturamento ou lucro de diversas atividades econômicas na forma da legislação específica. Ainda, como contribuição da União, dotação própria estabelecida no orçamento, para atender ao pagamento das despesas de administração geral, inclusive pessoal, das instituições de previdência social, bem como à complementação necessária, em face dos encargos da União.

A Constituição de 1988, trouxe uma grande inovação em relação ao sistema de proteção social e seu respectivo financiamento. Instituiu a Seguridade Social como "um conjunto integrado e ações de iniciativa dos Poderes Públicos e da sociedade, destinadas a assegurar os direitos relativos à saúde, à previdência e à assistência social". Quanto ao financiamento estabeleceu que seria por toda a sociedade, de forma direta e indireta, além de destaques orçamentários da União, Estados, Distrito Federal e Municípios e das seguintes contribuições sociais: Folha de salários (a cargo do empregado/segurado e da empresa/empregador), faturamento ou receitas, lucros, receitas de concursos se prognósticos e receitas do importador.

Como se percebe, mesmo inserindo a previdência social no conceito de seguridade social, o constituinte de 1988 preservou a tríplice forma de custeio da previdência social (Contribuição dos segurados, da empresa e da União, mediante destaques orçamentários) e em relação às antigas cotas de previdência como contribuição a cargo da União, que financiavam a previdência, s saúde e a assistência social do trabalhador, essas se transformaram em contribuições de caráter geral incidentes sobre o faturamento ou receita e lucros (Cofins, PIS, CSLL).

Não há dúvida de que as constantes alterações na legislação referente ao custeio da previdência desde a sua criação, principalmente em relação às quotas de previdência. tornaram o sistema complexo, de difícil assimilação e, em tese, contribuíram para aflorar as acirradas discussões acerca da natureza jurídica das contribuições previdenciárias e o seu respectivo enquadramento como tributo e o seu atrelamento à legislação tributária.

2. Natureza jurídica das contribuições previdenciárias e para a seguridade social

Como forma de contextualização, é interessante analisar os dispositivos constitucionais e legais. Qual teria sido a real importância da discussão da natureza jurídica das contribuições previdenciárias, sendo que desde a sua origem, o objetivo da previdência social foi instituir um plano de proteção social ao trabalhador, mediante contribuições específicas para cobertura dos benefícios a que se propunha.

Após o surgimento da previdência social em 1923, todas as constituições passaram a conter em seus textos o tratamento específico a que seria dada a essa área de proteção social, estabelecendo alguns benefícios e a respectiva previsão de uma tríplice forma de custeio. É tão visível a preocupação dos constituintes com o financiamento, que a Emenda Constitucional n. 11/1965 incluiu o § 2º no art. 157 da Constituição de 1946 estabelecendo a necessidade de custeio prévio, denominado pela doutrina como princípio da precedência do custeio ou princípio/regra da contrapartida.

> Art 157 – A legislação do trabalho e a da previdência social obedecerão nos seguintes preceitos, além de outros que visem a melhoria da condição dos trabalhadores:
>
> [...]
>
> XVI – previdência, mediante contribuição da União, do empregador e do empregado, em favor da maternidade e contra as consequências da doença, da velhice, da invalidez e da morte;
>
> **§ 2º Nenhuma prestação de serviço de caráter assistencial ou de benefício compreendido na previdência social poderá ser criada, majorada ou estendida sem a correspondente fonte de custeio total.**

Essa norma prevalece até os dias atuais, estando prevista no § 5º do art. 195 da Constituição Federal de 1988, agora como financiamento prévio da Seguridade Social, como segue:

> **Art. 195.** A seguridade social será financiada por toda a sociedade, de forma direta e indireta, nos termos da lei, mediante recursos provenientes dos orçamentos da União, dos Estados, do Distrito Federal e dos Municípios, e das seguintes contribuições sociais:
>
> [...]
>
> **§ 5º Nenhum benefício ou serviço da seguridade social poderá ser criado, majorado ou estendido sem a correspondente fonte de custeio total.**

Ainda na vigência da Constituição de 1946, a Emenda Constitucional n. 18, de 1º de dezembro de 1965 instituiu o Sistema Tributário Nacional, com a seguinte redação:

> Art. 1º **O sistema tributário nacional compõem-se de impostos, taxas e contribuições de melhoria,** e é regido pelo disposto nesta Emenda, em leis complementares, em resoluções do Senado Federal, e, nos limites das respectivas competências, em leis federal, estadual ou municipal.

Com base nessa emenda, foi editada a Lei n. 5.172, de 25.10.19, denominada de Código Tributário Nacional — CTN, que dispõe sobre o Sistema Tributário Nacional e institui normas gerais de direito tributário aplicáveis à União, Estados e Municípios. Em consonância com a Emenda Constitucional n. 18/65, o CTN definiu em seu art. 5º que "os tributos são impostos, taxas e contribuições de melhoria".

A partir de então, o ordenamento jurídico brasileiro passou a contar com duas leis que se fundamentaram no art. 5º, XV, "*b*", da Constituição de 1946, ou seja, na competência da União para legislar sobre "normas gerais de direito financeiro; de seguro e previdência social; de defesa e proteção da saúde; e de regime penitenciário". Assim, o CTN passou a estabelecer as normas gerais de direito tributário (direito financeiro) e a LOPS continuou com as normas gerais de previdência social, benefícios e custeio. Como se observa, o financiamento da previdência social nunca se confundiu com a questão tributária *stricto sensu*, estando pois, em consonância com o tratamento constitucional, convivendo pois, legislações específicas para financiamento do Estado mediante tributos (CTN) e o financiamento da previdência, assistência e saúde do trabalhador, mediante contribuições específicas, o que se pode confirmar pelo art. 218 do CTN inserido pelo Decreto-lei n. 27, de 14/11/1966, em cujos considerandos consta:

> CONSIDERANDO a necessidade de deixar estreme de dúvidas a continuação da incidência e exigibilidade das contribuições para fins sociais, paralelamente ao Sistema Tributário Nacional, a que se refere a Lei número 5.172, de 25 de outubro de 1966.

Assim ficou estabelecido no CTN:

> Art. 218. As disposições desta lei, notadamente as dos arts. 17, 74, § 2º e 77, parágrafo único, bem como a do art. 54 da Lei n. 5.025, de 10 de junho de 1966, não excluem a incidência e a exigibilidade:
>
> [...]
>
> II - das denominadas "quotas de previdência" a que aludem os arts. 71 e 74 da Lei n. 3.807, de 26 de agosto de 1960, com as alterações determinadas pelo art. 34 da Lei n. 4.863, de 29 de novembro de 1965, que integram a contribuição da União para a Previdência Social, de que trata o art. 157, item XVI, da Constituição Federal.

A nosso ver, após a edição do CTN, em decorrência de a Lei n. 3.807/60 estabelecer prazo de decadência e prescrição das contribuições previdenciárias em 30 (trinta) anos, as arraigadas discussões doutrinárias e jurisprudenciais acerca da natureza jurídica das contribuições previdenciárias só tiveram um único objetivo: fazer com que essas contribuições tivessem natureza jurídica de tributo, apenas pelo seu conceito (art. 3º do CTN), e assim, sujeita- las ao prazo decadencial e prescricional de 05 (cinco) anos conforme previsto nos arts. 173 e 174 do referido código.

Entre as diversas teorias que tentaram definir a natureza jurídica das contribuições ((prêmio de seguro, salário atual, salário diferido e salário social) imposto, taxa, contribuiçao), as mais significativas são: teoria fiscal, teoria parafiscal e teoria da exação *sui generis.*

Pela teoria fiscal, as contribuições sociais são obrigação tributária que se inserem no conceito de tributo destinado a constituir o fundo para financiamento da seguridade social. Para os críticos, as contribuições sociais não se enquadram em nenhuma das espécies tributárias estabelecidas no CTN.

A teoria parafiscal, também se sustenta na natureza tributária das contribuições sociais, mas sem ser considerada imposto, pois se caracterizam pelo seu fim específico de pagamento seja previdenciário ou assistencial.

A teoria da exação *sui generis* sustenta que as contribuições sociais são imposições estatais cogentes previstas no texto constitucional e respectiva legislação, sem se enquadrar como tributo e por isso uma exação sui generis. Essa é a teoria adotada pelos doutrinadores mais ligados ao Direito Previdenciário.

O que prevaleceu foi a teoria fiscal, cuja doutrina e jurisprudência dominantes entendem que as contribuições sociais são tributo. E para estabelecer a classificação dos tributos quatro teorias se formaram: teoria bipartite, teoria tripartite, teoria quadripartite e teoria quinquipartite ou pentapartite.

Conforme a teoria bipartite os tributos se classificam em tributos vinculados e tributos não vinculados.

Pela teoria tripartite os tributos são os definidos no art. 5º do CTN e no art. 145 da Constituição Federal (imposto, taxa e contribuição de melhoria), sendo as contribuições consideradas como imposto ou taxa.

A teoria quadripartite considera como tributo os impostos, as taxas, as contribuições de melhoria e empréstimo compulsório.

A Teoria pentapartite considera 5 espécies tributárias: impostos, taxas, contribuições de melhoria, contribuições especiais (entre elas as contribuições da seguridade social) e empréstimos compulsórios.

Após a constituição de 1988, a teoria pentapartite tem sido aceita pela maioria da doutrina e pela jurisprudência sendo reconhecida pelo STF, o que, a nosso ver, sustentou o julgamento que declarou inconstitucional os arts. 45 e 46 da Lei n. 8.212/91(plano de custeio da seguridade social) que previa em dez anos o prazo de decadência e prescrição das contribuições para a seguridade social.

3. Decadência e prescrição das contribuições para a seguridade social

Com a promulgação da constituição de 1988, a previdência social passou a se inserir no conceito de seguridade social, nos termos do art. 194, cujo financiamento foi previsto do art. 195 da constituição. As contribuições sociais que financiariam a seguridade social passaram a ser, nos termos da lei: Contribuição da empresa incidente sobre folha de salários, faturamento ou receita e lucro; contribuição do trabalhador e demais segurados da previdência social; receitas de concurso de prognósticos e contribuição do importador ou a ele equiparado.

A Lei n. 8.212, de 24.07.91, ao dispor sobre a organização da seguridade social e instituir o plano de custeio, assim disciplinou a decadência e prescrição das respectivas contribuições:

> Art. 45. O direito da Seguridade Social apurar e constituir seus créditos extingue-se após 10 (dez) anos contados:
>
> I – do primeiro dia do exercício seguinte àquele em que o crédito poderia ter sido constituído;
>
> II – da data em que se tornar definitiva a decisão que houver anulado, por vício formal, a constituição de crédito anteriormente efetuada.
>
> Parágrafo único. A Seguridade Social nunca perde o direito de apurar e constituir créditos provenientes de importâncias descontadas dos segurados ou de terceiros ou decorrentes da prática de crimes previstos na alínea *"j"* do art. 95 desta lei.
>
> Art. 46. O direito de cobrar os créditos da Seguridade Social, constituídos na forma do artigo anterior, prescreve em 10 (dez) anos.

Com a edição da Lei n. 8.212/91 o prazo de decadência e prescrição previstos na LOPS em trinta anos passaram a ser de dez anos. Enquanto isso, o CTN, agora recepcionado pela Constituição como Lei Complementar continuou prevendo esses prazos em cinco anos.

Vale ressaltar que, embora a Constituição Federal tenha estabelecido em seu art. 146, que compete à lei complementar estabelecer normas gerais em matéria de legislação tributária, especialmente em relação a obrigação, lançamento, crédito, prescrição e decadência tributários, o legislador constituinte não estabeleceu o requisito de lei complementar em relação ao financiamento da seguridade social, cujo orçamento específico e distinto do orçamento fiscal e do orçamento das estatais (art. 165, § 5º, III) se comporia daquelas contribuições estabelecidas no art. 195 e disciplinadas no respectivo plano de custeio estabelecido na Lei n. 8.212/9. Tal plano de custeio deveria, pois, estar em consonância com o princípio da precedência do custeio estabelecido no § 5º do art. 195 da CF, segundo o qual "nenhum benefício ou serviço da seguridade social poderá ser criado, majorado ou estendido sem a correspondente fonte de custeio total", conforme já previsto nas constituições pretéritas.

Dessa forma, nenhuma justificativa plausível existiria para que, enquanto sujeito ativo a União não pudesse constituir e cobrar créditos das contribuições sociais, principalmente das estritamente previdenciárias (contribuições da empresa e dos trabalhadores incidentes sobre a folha de remuneração de seus trabalhadores — art. 167, XI CF) após decorridos cinco anos da existência do fato gerador. Não é compreensível que tais contribuições não possam ser constituídas e cobradas em prazo inferior ao período de carência estabelecido no Plano de Benefícios da Previdência Social — Lei n. 8.213/91, em observância também aos critérios que preservem o equilíbrio financeiro e atuarial da previdência social, mesmo que, enquanto sujeito passivo, o Estado seja obrigado ao pagamento dos benefícios previstos em lei.

Mas, ao nosso sentir, nada disso foi levado em consideração pelos órgãos do Poder Judiciário que, assim como a maior parte dos doutrinadores, tanto tributaristas quanto previdenciaristas, sempre tiveram uma visão dualista sobre o direito previdenciário, qual seja, quando se trata de prestações há que se observar o plano de benefícios, mas quando se trata de financiamento, em vez de se aplicar as normas gerais estabelecidas no plano de custeio previdenciário, aplica-se normas atinentes ao direito tributário. Nesse sentido, vejamos parte julgamento do STF no Recurso Extraordinário — RE n. 556.664-1 do Rio Grande do Sul, relatado pelo Ministro Gilmar Mendes, que culminou com a Súmula Vinculante 8:

Súmula Vinculante 8

São inconstitucionais o parágrafo único do art. 5º do Decreto-lei n. 1.569/1977 e os arts. 45 e 46 da Lei n. 8.212/1991, que tratam da prescrição e decadência do crédito tributário.

Precedentes Representativos

As normas relativas à prescrição e à decadência tributárias têm natureza de normas gerais de direito tributário, cuja disciplina é reservada a lei complementar, tanto sob a Constituição pretérita (art. 18, § 1º, da CF/1967/1969) quanto sob a Constituição atual (art. 146, *"b"*, III, da CF/1988). Interpretação que preserva a força normativa da Constituição, que prevê disciplina homogênea, em âmbito nacional, da prescrição, decadência, obrigação e crédito tributários. (...) O CTN/1966 (Lei n. 5.172/1966), promulgado como lei ordinária e recebido como lei complementar pelas Constituições de 1967/1969 e 1988, disciplina a prescrição e a decadência tributárias.

[RE n. 556.664, rel. Min. Gilmar Mendes, P, j. 12.6.2008, *DJE* 216 de 14.11.2008.]

Estou acolhendo parcialmente o pedido de modulação de efeitos, tendo em vista a repercussão e a insegurança jurídica que se pode ter na hipótese; mas estou tentando delimitar esse quadro de modo a afastar a possibilidade de repetição de indébito de valores recolhidos nestas condições, com exceção das ações propostas antes da conclusão do julgamento. Nesse sentido, eu diria que o Fisco está impedido, fora dos prazos de decadência e prescrição previstos no CTN/1966, de exigir as contribuições da seguridade social. No entanto, os valores já recolhidos nestas condições, seja administrativamente, seja por execução fiscal, não devem ser devolvidos ao contribuinte, salvo se ajuizada a ação antes da conclusão do presente julgamento. Em outras palavras, são legítimos os recolhimentos efetuados nos prazos previstos nos arts. 45 e 46 e não impugnados antes da conclusão deste julgamento. Portanto, reitero o voto pelo desprovimento do recurso extraordinário, declarando a inconstitucionalidade do parágrafo único do art. 5º do Decreto-lei n. 1.569/1977 e dos arts. 45 e 46 da Lei n. 8.212/1991, porém, com a modulação dos efeitos, *ex nunc*, apenas em relação às eventuais repetições de indébito ajuizadas após a presente data, a data do julgamento.

[RE n. 556.664, proposta do rel. Min. Gilmar Mendes, P, j. 12.6.2008, *DJE* 216 de 14.11.2008.]

Declaração de inconstitucionalidade, com efeito *ex nunc*, salvo para as ações judiciais propostas até 11-6-2008, data em que o Supremo Tribunal Federal declarou a inconstitucionalidade dos arts. 45 e 46 da Lei n. 8.212/1991.

[RE n. 559.943, relª. Minª. Cármen Lúcia, P, j. 12.6.2008, *DJE* 182 de 26.9.2008, Tema n. 3.]

Tese de Repercussão Geral

Pelo que parece, tal decisão, ao não considerar as especificidades do direito previdenciário, acabou por fragilizar ainda mais a previdência social e estabelecer ainda maiores dificuldades aos trabalhadores e aos demais segurados da previdência social, pois ao declarar inconstitucional todo o art. 45 da Lei n. 8.212/91, não preservou nem as importâncias descontadas dos segurados ou de terceiros ou decorrentes da prática de crimes previdenciários.

Nesse contexto, como fica o tempo de contribuição dos trabalhadores cujos empregadores, ainda que tenham descontado as contribuições, não as tenham recolhido nem declarado, após decorridos cinco anos? Como fica o tempo trabalhado há mais de cinco anos reconhecido pela justiça do trabalho? Essas e outras questões tornam ainda mais dificultosa e caótica a vida dos trabalhadores, principalmente após a reforma trabalhista que fragilizou as relações de trabalho e as constantes reformas da previdência que têm dificultado ainda mais o reconhecimento de direito aos benefícios previdenciários.

Não resta dúvida de que se tal decisão judicial tivesse submetido ao prazo decadencial e prescricional de cinco anos, apenas as contribuições de caráter geral que financiam a seguridade social, ou seja, as contribuições incidentes sobre o faturamento, lucro, importação (Cofins, CSLL, PIS) tal decisão não teria sido tão drástica para os cofres da previdência. Submeter as contribuições estritamente previdenciárias a esses prazos, a nosso ver, foi um equívoco.

Mas é de se reconhecer a falta de interesse do Poder Executivo e do Poder legislativo em resolver tal situação de desconforto para o orçamento da previdência. Se o fundamento da decisão foi o requisito de lei complementar, a Lei Complementar n. 128, de 19/12/2008, em vez de apenas revogar os arts. 45 e 46 da Lei n. 8.212/91 poderia ter estabelecido prazos de decadência e prescrição compatíveis com as necessidades de financiamento da previdência social e mesmo da seguridade social. Entretanto essa lei complementar inseriu na Lei n. 8.212/91 o art. 45-A que cria o instituto da indenização, para que o segurado que queira contar tempo de contribuição em período decadente (superior a cinco anos) possa recolher ao INSS, como indenização, as contribuições do período de trabalho comprovado, acrescido dos correspondentes acréscimos legais.

Conclusão

A previdência social surgiu como um sistema de proteção do trabalhador para satisfazer as suas necessidades financeiras em momentos de infortúnio, em que lhe faltasse a remuneração para a sua sobrevivência. As constantes alterações na legislação, seja para inclusão de benefícios que fugissem a essa premissa, seja para ampliar a cobertura, acabaram por exigir do legislador a inclusão de mecanismos que fortalecessem a exigência do custeio prévio necessário para fazer face aos benefícios propostos.

O ordenamento jurídico brasileiro sempre pugnou por um regime de previdência, de caráter contributivo e obrigatório, com contribuições do empregador, do empregado/trabalhador e da União. Como forma para efetivação desses recursos, o legislador tratou de estabelecer, a partir da LOPS (Lei n. 3.807/60), um período de decadência e prescrição compatível com o período de carência das aposentadorias, ou seja trinta anos.

A partir da edição do CTN (Lei n. 5.172/66), que estabeleceu prazo decadencial e prescricional para os impostos, taxas e contribuições de melhoria em cinco anos anos, a doutrina passou defender as mais diversas teorias/teses para incluir as contribuições previdenciárias no conceito de tributo e assim submetê-las a esse prazo decadencial e prescricional.

Venceu a doutrina tributarista que influenciou a jurisprudência, o que culminou com a Súmula Vinculante n. 8/2008 decorrente do julgamento do Recurso Extraordinário — RE n. 556.664-1 do Rio Grande do Sul, pelo STF, que declarou inconstitucional os arts. 45 e 46 da Lei n. 8.221/91 que previam prazos de decadência e prescrição das contribuições da seguridade social em dez anos, passando tais contribuições a se submeterem aos prazos de cinco anos estabelecidos no CTN, este por ter sido reconhecido como sendo a lei complementar de normas gerais prevista no art. 146 da Constituição Federal de 1988.

Fica a seguinte questão: a Súmula Vinculante n. 8 do STF é fato consumado em matéria previdenciária? Entendemos que não. Nesse momento de tantas mudanças de posicionamentos do STF e revisões de sentenças, a partir da Emenda Constitucional n. 103/2019, que ampliou consideravelmente as exigências para que o segurado seja elegível a um benefício previdenciário, nada mais justo do que o reconhecimento da necessidade de revisão do prazo decadencial e prescricional para estabelecimento de um prazo razoável compatível com o período mínimo de carência exigida para reconhecimento ao direito de aposentadoria por idade, proporcional, ou seja, 20 anos (homem), num período de carência exigido de 40 anos, para se ter direito a uma aposentadoria com o valor integral da média de todas as contribuições no período contributivo, cujas contribuições descontadas, nem sempre foram recolhidas aos cofres da previdência.

Evidentemente que para tanto, os órgãos da justiça precisam ser provocados. Entretanto, o caminho legislativo seria o mais fácil e conveniente, caso o Poder Executivo e o Legislativo tivessem um pouco mais de interesse pela solvabilidade da previdência social pública no sentido de se editar uma lei complementar para estabelecer prazos de decadência e prescrição das contribuições previdenciárias (nem digo da seguridade social) compatíveis com os tempos de contribuição (carência) exigidos para concessão de aposentadorias). Tal procedimento dessas autoridades estaria em consonância com os preceitos constitucionais de precedência de custeio dos critérios que preservem o equilíbrio financeiro e atuarial. Seria o mínimo que poderiam fazer para que a previdência social pública tenha sustentabilidade no futuro e não seja fadada ao perecimento, justamente no momento em que se aproxima a comemoração do seu centenário. Seria um ótimo presente à previdência e a seus segurados, sejam do regime geral, do regime próprio e até da previdência complementar.

Referências bibliográficas

AFONSO, Almiro. *A Previdência Supletiva no Brasil*. São Paulo: LTr, 1978.

ALMANSA PASTOR, J. M. *Derecho de la Seguridad Social*. 7. ed. Madri: Tecnos, 1991.

AMARO, Luciano. *Direito Tributário Brasileiro*. 9. ed. São Paulo: Saraiva, 2003.

ATALIBA, Geraldo. *Hipótese de Incidência Tributária*. 6. ed. 7. tir. São Paulo: Malheiros, 2006.

BALERA, Wagner. *A Seguridade Social na Constituição de 1988*. São Paulo: RT, 1989.

______. *"Decadência e Prescrição das Contribuições da Seguridade Social."* Contribuições Sociais — questões polêmicas. São Paulo: Dialética, 1995 e 2000.

______. *Curso de Direito Previdenciário*. 4. ed. São Paulo: LTr, 1998.

______. (Coord.). *Curso de Direito Previdenciário*. Homenagem a Moacir Velloso Cardoso de Oliveira. São Paulo: LTr, 1992. Social, n. 178, 1995.

______. O Valor Social do Trabalho. *Revista LTr*, v. 58, n. 10, out. 1994.

______. *Processo Administrativo Previdenciário, Benefícios*. São Paulo:LTr, 1999.

BARROSO, Luís Roberto. *Interpretação e aplicação da Constituição*. 5. ed. São Paulo: Saraiva, 2003.

CARDONE, Marly. *Previdência, assistência e Saúde*. O não trabalho na Constituição de 1988. São Paulo: LTr, 1990.

CARRAZZA, Roque Antônio. *Curso de Direito Constitucional Tributário*. 21.ed. São Paulo: Malheiros, 2005.

CARVALHO, Paulo de Barros. *Curso de Direito Tributário*. 17. ed. São Paulo: Saraiva, 2005.

CASTRO, Carlos Alberto Pereira de; LAZZARI, João Batista. *Manual de Direito Previdenciário*. 5. ed. São Paulo: LTr, 2004.

COIMBRA, J. R. Feijó. *Direito Previdenciário Brasileiro*. 11. ed. Rio de Janeiro: Edições Trabalhistas, 1999.

GODOI, Marciano Seabra de; e GRECO, Marco Aurélio (Coords.). *Solidariedade Social e Tributação*. São Paulo: Dialética, 2005.

GRECO, Marco Aurélio. *Contribuições, uma Figura* Sui Generis. São Paulo: Dialética, 2000.

HORVATH, Estevão. *Lançamento Tributário e Auto-lançamento*. São Paulo: Dialética, 1997.

HORVART JUNIOR, Miguel. *Direito Previdenciário*. 3. ed. São Paulo: LTr, 2003.

JUSTEN FILHO, Marçal. Contribuições Sociais. *Caderno de Pesquisas Tributárias*, n. 17. São Paulo, Resenha Tributária, 1992.

MACHADO, Hugo de Brito. Contribuições Sociais. *Caderno de Pesquisas Tributárias*, n. 17, São Paulo, Resenha Tributária, 1992.

______. *Curso de Direito Tributário*. São Paulo: Malheiros, 2007.

MALOY, James. *A Política de Previdência Social no Brasil*. Tradução de Maria José Lindgren Alves. Rio de janeiro: Edições Graal, 1986.

MARTINS, Sérgio Pinto. *Direito da Seguridade Social*. 16. ed. São Paulo: Atlas, 2001 Editora Obelisco, 1968.

SANTOS JÚNIOR, Francisco Alves dos. *Decadência e Prescrição no Direito Tributário no Brasil:* análise das principais teorias existentes e propostas para alteração da respectiva legislação. Rio de Janeiro: Renovar, 2001.

SIMM, Zeno. *Os Direitos Fundamentais e a Seguridade Social*. São Paulo: LTr, 2005.

SÜSSEKING, Arnaldo. *Previdência Social Brasileira*. Rio de Janeiro: Freitas Bastos, 1955.

Precatório — A Perda da Natureza Alimentícia dos Créditos Objetos de Cessão

Aline Cristina Mesquita Marçal[1]

Resumo: O presente artigo traz definições e diretrizes sobre o regime de pagamentos dos precatórios, com foco nos precatórios federais, bem como as atualizações recentes na Constituição Federal. Trata-se também da cessão de créditos de precatórios, em especial os de natureza alimentar. Através da análise de decisões do STF, pretende-se demonstrar as controvérsias já sanadas pela Corte sobre o sistema constitucional dos precatórios e por fim, esclarecer as razões pelas quais o Supremo entendeu pela não alteração da natureza alimentar do crédito, no caso de venda do precatório alimentício.

Palavras-chave: Precatório — Natureza alimentar — Cessão de crédito.

Os precatórios requisitórios consistem na modalidade de pagamento devido pela Fazenda Pública, em virtude de sentença judicial, cujo valor exceda o patamar do que a legislação considera como de pequeno valor. Ou seja, o pagamento das condenações judiciais devidas pela entidade de direito público não segue o rito previsto no art. 535 do CPC, tampouco existe a possibilidade de pagamento voluntário, penhora de bens, uma vez que bens públicos são inalienáveis em penhoráveis.

Diferentemente do que ocorre com os devedores em geral, após início da fase de cumprimento de sentença e apresentação do demonstrativo de crédito pelo credor, a Fazenda não é intimada para o pagamento no prazo de 15 (quinze) dias como preceitua a lei processual civil, mas sim para oferecer impugnação a execução no prazo de 30 (trinta) dias. Não sendo impugnada a execução ou se rejeitada a impugnação, deve ser expedida a requisição de pagamento.

---

(1) Advogada atuante na área previdenciária, trabalhista e cível desde 2002. Graduada pela Universidade de Taubaté — Unitau. Pós-graduada em Direito Público pela Universidade de Taubaté — Unitau. Pós-graduada em Direito Previdenciário pelo Centro Universitário Salesiano — UNISAL - Lorena. Coordenadora da Comissão de Direito Previdenciário da OAB Subseção de Ubatuba - 2019/2021. Membro da Comissão de Direito Previdenciário da OAB Seccional São Paulo - 2019/2021. Coordenadora Regional do IEPREV - Vale do Paraíba e Litoral Norte de São Paulo.

Assim, a execução contra a Fazenda Pública está sujeita à sistemática das requisições judiciais de pagamento prevista no art. 100, *caput*, da Constituição Federal, que prevê o regime de precatórios requisitórios.

A exceção a regra versa sobre pagamento das obrigações de pequeno valor (art. 100, § 3º, da CF), que no âmbito federal, atualmente, a Lei n. 10.259/01 define como, de pequeno valor, os débitos que não ultrapassam 60 salários mínimos conforme o art. 17, § 1º combinado com art. 3º, *caput*, do mencionado diploma legal. No ano de 2021, tramitou no Congresso Nacional a PEC n. 23/21, com a finalidade de alterar o regime jurídico dos precatórios judiciais, tendo como um dos objetivos viabilizar o parcelamento dos precatórios, razão pela qual essa proposta ficou conhecida como "Pec do Calote" e "Pec dos Precatórios". Inobstante tenha sido muito debatida no mundo jurídico e criticada pela oposição, a PEC acabou sendo consagrada. Foram então aprovadas as Emendas Constitucionais ns. 113/2021 e 114/2021.

No tocante ao tema precatório, a primeira emenda publicada em 08.12.2021, em breve síntese, traz alterações sobre débitos incidentes sobre o valor dos precatórios e o aumento do alcance da cessão de créditos.

A segunda emenda, publicada em 17.12.2021, alterou o sistema de precatórios, além de introduzir um programa de renda mínima, conhecido como Auxilio Brasil, no texto constitucional.

Destacamos as alterações no regime dos precatórios, que faz parte do objeto do presente artigo. O novo art. 107-A, do ADCT (redação dada pela EC n. 114/21), passa a prever um teto para alocação de recursos no orçamento para pagamentos de precatórios judiciais, que corresponderá ao chamado "Teto de Gastos" trazido pela Emenda Constitucional n. 95/2016.

Traz também um escalonamento para o pagamento dos débitos e como ele se altera até 2026. Prevê ainda ordem de pagamentos das requisições, em observância a preferências, estabelecendo, no § 8º:

> Os pagamentos em virtude de sentença judiciária de que trata o art. 100 da Constituição Federal serão realizados na seguinte ordem: I – obrigações definidas em lei como de pequeno valor, previstas no § 3º do art. 100 da Constituição Federal; II – precatórios de natureza alimentícia cujos titulares, originários ou por sucessão hereditária, tenham no mínimo 60 (sessenta) anos de idade, ou sejam portadores de doença grave ou pessoas com deficiência, assim definidos na forma da lei, até o valor equivalente ao triplo do montante fixado em lei como obrigação de pequeno valor; III – demais precatórios de natureza alimentícia até o valor equivalente ao triplo do montante fixado em lei como obrigação de pequeno valor; IV – demais precatórios de natureza alimentícia além do valor previsto no inciso III deste parágrafo; V – demais precatórios.

Com o advento da EC n. 114/2021, veio mais uma inovação, surge a possibilidade do credor de precatório não pago em razão do limite orçamentário, optar pelo recebimento, mediante acordo judicial, para o recebimento do crédito, em parcela única, até o final do exercício seguinte, com renúncia de 40% (quarenta por cento) do valor. Tal procedimento deverá será regulamentado pelo CNJ — Conselho Nacional de Justiça.

Entendida a sistemática, passamos a analisar os tipos de precatórios.

Os precatórios podem ter duas naturezas: alimentar ou não alimentar. Sendo o primeiro decorrente de pagamento das ações judiciais que envolvem verbas como: salários, pensões, aposentadorias e indenizações, ou seja, quando o autor da demanda teve prejuízos em sua renda e seu sustento (vencimentos, proventos, pensões e suas complementações, benefícios previdenciários em indenizações por morte ou por invalidez).

Esses créditos são também classificados como créditos preferenciais. Já os precatórios de natureza não alimentar, por sua vez, pagam outras verbas, como por exemplo: indenizações por desapropriações e tributos.

Os débitos de natureza alimentar estão definidos na Constituição Federal, no § 1º do art. 100, *in verbis*:

> "compreendem aqueles decorrentes de salários, vencimentos, proventos, pensões e suas complementações, benefícios previdenciários e indenizações por morte ou por invalidez, fundadas em responsabilidade civil, em virtude de sentença judicial transitada em julgado, e serão pagos com preferência sobre todos os demais débitos, exceto sobre aqueles referidos no § 2º deste artigo."

Nota-se que além de conceituar a natureza alimentar, o texto constitucional já atribui a esse débito a característica de preferencial.

Os pagamentos dos precatórios judiciários obrigatoriamente são feitos na ordem cronológica de apresentação dos mesmos e a conta dos créditos respectivos, sendo proibida a designação de casos ou de pessoas nas dotações orçamentárias e nos créditos adicionais abertos para esse fim.

Como bem ensina Savaris, "*Trata-se de sistemática que, a um só tempo, respeita a necessidade de previsão orçamentária por parte das entidades de direito público, quanto às despesas que deve honrar no prazo constitucional e prestigia o princípio da igualdade, consagrando o critério da ordem cronológica dos pagamentos*".(2)

O descumprimento da ordem cronológica pode motivar o pedido de sequestro das verbas públicas para pagamento da quantia devido ao credor, cabendo ao Tribunal que proferir a decisão exequenda determinar o pagamento integral e autorizar o sequestro do valor devido.

---

(2) SAVARIS, José Antonio. *Direito Processual Previdenciário*. 7. ed. Curitiba: Alteridade, 2018. p. 505.

A lei determina os prazos nos precatórios judiciários, fixando que a apresentação deve ser feita até 2 de abril para inclusão no orçamento, de acordo com a recente alteração trazida pela EC n. 114/2021.

A redação anterior previa que a data da apresentação dos precatórios era 1º de julho e com a modificação no § 5º do art. 100, esse prazo foi encurtado, se antecipando a data de corte para inclusão no orçamento.

O débito é apresentado e lançado no orçamento de verba necessária ao pagamento dos seus débitos, oriundos de sentenças transitadas em julgado e o pagamento deve ser feito até o final do exercício seguinte, quando terão seus valores atualizados monetariamente (art. 100, § 5º da CF).

Cabe aqui uma observação importante, quanto a atualização dos precatórios que sofreu uma drástica alteração trazida pela EC n. 113/2021, no art. 3º, a partir da publicação da referida emenda, em 09.12.2021, aplica-se a Taxa Selic como único critério de atualização monetária das condenações da Fazenda Pública, incidindo uma única vez até o efetivo pagamento do débito.

Tal modificação é extremamente prejudicial ao credor, considerando que o novo indexador é inferior ao aplicado até então, que era o IPCA-e. Além disso, em 2019, o STF confirmou decisão que fixou o IPCA-e como critério de correção monetária sobre os débitos da Fazenda Pública.

A recente alteração da emenda, no que tange a atualização pela Selic já está sendo discutida, com a propositura da ADIN n. 7.047/21, que entre outros argumentos, defende o princípio fundamental da propriedade.

Sobre a observância da ordem cronológica:

> "A exigência constitucional de expedição do precatório, com a consequente obrigação imposta ao Estado de estrita observância da ordem cronológica de apresentação daquele instrumento de requisição judicial de pagamento, tinha e ainda tem) por finalidade impedir favorecimentos pessoais indevidos e frustrar injustas perseguições ditadas por razões de caráter políticoadministrativo. A regra descrita no art. 100 da CF — cuja gênese reside, em seus aspectos essenciais, na Constituição de 1934 (art. 182) — tinha por objetivo precípuo viabilizar, na concreção do seu alcance normativo, a submissão incondicional do poder público ao dever de respeitar o princípio que conferia preferência jurídica a quem dispusesse de precedência cronológica. (*'prior in tempore, potior in jure'*)." (Ap. 503, rel. Min. Celso de Mello, Plenário, J. 20.05.2010, *DJE* 1º.2.2013)[3].

Embora o crédito geral respeite ordem cronológica de apresentação de precatórios, a própria Constituição, no § 2º do art. 100, garante a super preferência para o pagamento dos débitos de natureza alimentar cujos credores contem com 60 anos de

(3) Disponível em: <https://redir.stf.jus.br/paginadorpub/paginador.jsp?docTP=TP&docID=9956572>. Acesso: 04 fev. 2022

idade ou mais na data da expedição do precatório e também aos portadores de doença grave definidas na forma da lei e pessoas com deficiência.

Não se pode deixar de observar a prioridade na tramitação dos processos judiciais contemplada no CPC, no art. 1.048, I, que dispõe: "terão prioridade de tramitação, em qualquer juízo ou tribunal, os procedimentos judiciais", em que figure como parte ou interessado "*pessoa com idade igual ou superior a 60 (sessenta) anos ou portadora de doença grave, assim compreendida qualquer das enumeradas no art. 6º, inciso XIV, da Lei n. 7.713/1988, com redação dada pela Lei n. 11.052, de 29 de dezembro de 2004*".

Nas demandas de competência da Justiça Federal, o enquadramento da pessoa portadora de doença grave é definido através da Resolução n. 405, de 09.06.2016, do Conselho da Justiça Federal, no art. 14. Todavia, O STF declarou a inconstitucionalidade do art. 100, § 2º, da CF, trazida pela EC n. 62/2009, nas Ações Diretas de Inconstitucionalidade — ADIs ns. 4.357 e 4.425, no que tange a aplicação da preferência dos idosos, não apenas no momento da expedição do precatório, mas também posteriormente, enquanto pendente e ainda não ocorrido pagamento.

A inconstitucionalidade declarada versa sobre a expressão na "data de expedição do precatório", que limita o pagamento preferencial aos maiores de 60 anos ou mais quando da expedição do título judicial, o que de fato não se mostra razoável.

Segundo o voto do ministro Ricardo Lewandowski "*excluir da preferência o sexagenário que completa a idade ao longo do processo ofende a isonomia e também a dignidade da pessoa humana e o princípio da proteção aos idosos, assegurado constitucionalmente*".(4)

A super preferência está prevista no § 2º, do art. 100 da Carta Magna, destacando-se inclusive que, essas pessoas terão preferência sobre todos os débitos, até o valor equivalente ao triplo fixado em lei (ou seja, 180 salários-mínimos para os débitos federais), admitido o fracionamento para essa finalidade, sendo que o restante será pago na ordem cronológica de apresentação do precatório.

A questão do fracionamento e o pagamento da parcela superpreferencial por meio de requisitório de pequeno valor está regulamentada na Resolução n. 303 do CNJ, porém a sua constitucionalidade será analisada pela Suprema Corte, no Tema n. 1.156 do STF.

No recurso extraordinário, que resultou esse tema, insurge-se a autarquia contra a decisão do TRF 4ª Região, que teve reconhecida a repercussão geral, sustentando que resolução do CNJ desvirtua a finalidade da norma constitucional ao autorizar o pagamento por RPV de até 180 salários-mínimos, o que causa um considerável

(4) Disponível em: <https://stf.jusbrasil.com.br/noticias/100393234/stf-declara-inconstitucionais-dispositivos-da-emenda-dos-precatorios>. Acesso: 04 fev. 2022

impacto no orçamentário nas contas da previdência, eis que tais débitos deveriam ser pagos mediante precatório com a devida inclusão no orçamento do ano seguinte.

Sem dúvida, representa uma controvérsia de grande relevância, já que atinge interesses dos credores superpreferenciais e os entes federativos, devendo ser levada em conta a aplicação do princípio da dignidade humana e a organização das finanças públicas.

Passamos agora a abordar, o tema da cessão dos precatórios.

É permitido que o credor ceda, total ou parcialmente, seu precatório a terceiros, através da cessão de crédito. Ela consiste na negociação de transferência da titularidade e obrigação de um credor (cedente) para outra pessoa, que pode ser pessoa física ou jurídica (cessionário).

O Código Civil regula o modelo de transmissibilidade das obrigações, consoante disposições trazidas em seus art. 286 e 287:

> "Art. 286. O credor pode ceder o seu crédito, se a isso nãose opuser a natureza da obrigação, a lei, ou a convenção com o devedor; a cláusula proibitiva da cessão não poderá ser oposta ao cessionário de boa-fé, se não constar do instrumento da obrigação" e
>
> "Art. 287. Salvo disposição em contrário, na cessão de um crédito abrangem-se todos os seus acessórios".

Há expressa previsão legal quanto a cessão de precatórios, no § 13 do art. 100 da CF, que autoriza: *"O credor poderá ceder, total ou parcialmente, seus créditos em precatórios a terceiros, independentemente da concordância do devedor, não se aplicando ao cessionário o disposto nos §§ 2º e 3º (Incluído pela Emenda Constitucional n. 62, de 2009)." e o § 14, do mesmo artigo determina: "A cessão de precatórios, observado o disposto no § 9o deste artigo, somente produzirá efeitos após comunicação, por meio de petição protocolizada, ao Tribunal de origem e ao ente federativo devedor"* (Redação dada pela Emenda Constitucional n. 113, de 2021).

A nível constitucional, ao longo desses anos, houve 5 (cinco) alterações no tocante a metodologia dos precatórios judiciais, trazidas pelas Emendas de ns. 20/1998, 30/2000, 37/2002, 62/2009, 94/2016, 113/2021 e 114/2021, sendo que a EC n. 30/2000, foi a primeira delas que contemplou a possibilidade de ceder crédito oriundo de precatório a terceiros.

Foi pela edição do art. 78 no Ato de Disposições Constitucionais Transitórias, que possibilitou o titular de crédito a ceder a terceiro o direito, nos seguintes termos:

> "Ressalvados os créditos definidos em lei como de pequeno valor, os de natureza alimentícia, os de que trata o art. 33 deste Ato das Disposições Constitucionais Transitórias e suas complementações e os que já tiverem os seus respectivos recursos liberados ou depositados em juízo, os precatórios pendentes na data de promulgação desta Emenda

e os que decorram de ações iniciais ajuizadas até 31 de dezembro de 1999 serão liquidados pelo seu valor real, em moeda corrente, acrescido de juros legais, em prestações anuais, iguais e sucessivas, no prazo máximo de dez anos, permitida a cessão dos créditos. (Incluído pela Emenda Constitucional n. 30, de 2000)

A Resolução n. 303 do CNJ também disciplina a matéria, trazendo diretrizes, especialmente como deve ser o procedimento nos autos judiciais. A EC 113/2021, trouxe significativa ampliação de possibilidades de cessão de créditos, alterando o § 11 do art. 100, passando a ter a seguinte redação:

"É facultada ao credor, conforme estabelecido em lei do ente federativo devedor, com autoaplicabilidade para a União, a oferta de créditos líquidos e certos que originalmente lhe são próprios ou adquiridos de terceiros reconhecidos pelo ente federativo ou por decisão judicial transitada em julgado para: I – quitação de débitos parcelados ou débitos inscritos em dívida ativa do ente federativo devedor, inclusive em transação resolutiva de litígio, e, subsidiariamente, débitos com a administração autárquica e fundacional do mesmo ente; II – compra de imóveis públicos de propriedade do mesmo ente disponibilizados para venda; III – pagamento de outorga de delegações de serviços públicos e demais espécies de concessão negocial promovidas pelo mesmo ente; IV – aquisição, inclusive minoritária, de participação societária, disponibilizada para venda, do respectivo ente federativo; ou V – compra de direitos, disponibilizados para cessão, do respectivo ente federativo, inclusive, no caso da União, da antecipação de valores a serem recebidos a título do excedente em óleo em contratos de partilha de petróleo."

Fato é que no Brasil, está havendo um grande crescimento no mercado de compra e venda de precatórios, revelando uma atividade extremamente lucrativa.

A venda dos precatórios, embora seja permitida na lei, não é uma prática muito adotada pelos credores que ainda se sentem inseguros.

Evidente que existem muitas empresas oportunistas e não confiáveis, porém existe uma boa parte que age com a devida honestidade e transparência, o que exige muita cautela do credor.

Com a cessão, o credor "vende" o seu crédito, de forma total ou parcial a um terceiro, que passa a ser o titular do crédito e na maioria dos casos, independe da autorização do devedor.

Obviamente que, para a venda do precatório, o credor recebe o valor com deságio e essa depreciação do valor nominal do título que resulta no lucro do cessionário. Esse deságio costuma variar de 30 a 40% do valor total do documento.

Todavia, é certo que há vantagens dessa transação para ambas as partes: o cedente recebe seu dinheiro antecipadamente e via de regra, à vista, o que pode ser atraente de acordo com a sua situação econômica e interesse, ainda que haja uma perda no valor bruto.

E para o cessionário, o benefício é que terá um lucro nesse investimento, com a garantia de recebimento desse crédito, já que a União Federal vem cumprindo rigorosamente com a quitação dos precatórios.

Para a concretização dessa negociação é feito um contrato, seja por instrumento particular ou público, sendo que os dois são aceitos pela Justiça. Todavia, a escritura pública garante maior formalidade jurídica e segurança. Após a lavratura desse documento, o valor é pago ao credor. O cessionário efetua o depósito ou transferência bancária, normalmente após algumas horas após a assinatura da escritura ou contrato. É necessário que o juízo que expediu o precatório seja comunicado através de uma petição instruída com a documentação específica, para a efetiva venda do crédito e liberação ao cessionário, com a devida homologação da cessão de crédito nos autos. A homologação resulta na sucessão processual do cessionário no Tribunal, evitando pagamentos indevidos.

Posteriormente é expedido novo documento em favor do novo beneficiário e assim, quando o precatório for quitado pelo ente público, o cessionário recebe o dinheiro advindo do precatório integral.

Como já dito anteriormente, os credores portadores de créditos de natureza alimentar possuem prioridade no recebimento em relação aos demais créditos e diante da nova sistemática trazida pela EC n. 114/2021.

Os precatórios de natureza alimentícia ocupam o segundo lugar na ordem de pagamento, atrás apenas das requisições de pequeno valor. Assim sendo, são créditos ainda mais atraentes aos investidores no mercado de negociação de precatórios.

Com isso, surgiu um questionamento jurídico importantíssimo, que versa sobre a manutenção dessa prioridade quando há a venda do precatório alimentar.

O cessionário do precatório não depende dessa quantia para garantia das necessidades básicas (alimento, moradia, etc.), o valor que ele receberá não decorre de verba salarial, ao invés disso, ele é um negociador que está obtendo lucros com a atividade e desta feita, poderia perfeitamente aguardar a liberação do valor e o transcurso do prazo de um precatório normal, posto que ausente a necessidade de tal prioridade. Isso acarretaria também a sua classificação em quinto e último lugar na nova ordem de pagamento dos precatórios do § 8º do art. 107-A, da ADCT, redação dada pela EC n. 114/21.

Em sendo a compra e venda de precatórios uma prática especulativa e lucrativa, muitos entendem que deveria haver a transmutação da natureza do documento, deixando de ser alimentar.

No entanto, a afirmação sobre a natureza alimentar do crédito objeto de cessão divide opiniões e essa celeuma já chegou às portas das Superiores Cortes do nosso país, com decisões tanto do STJ como do STF.

O posicionamento mais recente do STF, no Tema n. 361 — Transmudação da natureza de precatório alimentarem normal em virtude de cessão do direito nele estampado, fixou a seguinte tese: "A cessão de crédito alimentício não implica a alteração da natureza".

Então, se o credor, portador de doença grave que negociou seu precatório de natureza alimentar com prioridade, com quem não detém essa prioridade, a natureza original do precatório se mantém.

Destarte, caso o precatório negociado já tenha sido expedido e já esteja pendente de pagamento, haverá a mudança na titularidade do crédito, mas não há mudança na natureza do precatório alimentar e assim, o cessionário permanece na categoria dos preferenciais com o crédito da mesma natureza do credor titular, ainda que o comprador seja uma pessoa jurídica.

Tratou-se do julgamento do Recurso Extraordinário — RE n. 631.537/RS, interposto por uma empresa de gestão tributária e de uma vinícola contra a decisão da 4ª Câmara Cível do TJ/RS, que entendeu pela perda da natureza alimentar do precatório que foi transacionado e essa decisão que motivou a discussão do STF sobre o tema. Foi considerado que, no caso de mudança da natureza, necessariamente haveria a alteração da ordem cronológica do pagamento, o que não é justo com quem está comprando o documento, além da demanda burocrática do precatório para a alteração do documento.

Ademais, para que o crédito fosse consolidado, estando em fase de precatório, significa que o direito já está sacramentado, com decisão transitada em julgado, de processos que tem por objeto verba de natureza alimentar e mudar essa natureza no ato do pagamento, pode ser tido como um novo julgamento da causa.

Ao reconhecer a repercussão geral do tema, os argumentos aduzidos pelo Plenário, em síntese, foram:

> (I) Por força da rigidez das regras afetas do regime de precatórios, seja em relação à ordem cronológica ou à natureza do crédito, não é possível "alterar o caráter alimentar do precatório já expedido", já que não há norma nesse sentido, além de violar a isonomia, fazendo com que o cessionário saia do rol do precatórios privilegiados e ingresse "na fila dos precatórios comuns em último lugar, além de poder sujeitar-se ao parcelamento em até 10 anos, o que desrespeita "o direito de propriedade obtido pelo cessionário a partir da cessão de créditos realizada". (II) Com o advento da Emenda Constitucional 62/2009, convalidaram-se todas as cessões de precatórios até então ocorridas, certo que o Constituinte Derivado "não limitou os efeitos da validação somente àqueles precatórios expedidos sem natureza alimentar, bem como não determinou a alteração da natureza quando da realização da cessão de créditos(...)."[5]

---

(5) Disponivel em: <https://redir.stf.jus.br/paginadorpub/paginador.jsp?docTP=TP&docID=752834380>. Acesso: 05 fev. 2022.

O texto constitucional em nada obsta a transferência da ordem de pagamento, devendo ser respeitadas as normas que disciplinam esse tipo de negociação.

Na lição de FLÁVIO TARTUCE, este ato pode ser conceituado como "*um negócio jurídico bilateral ou sinalagmático, gratuito ou oneroso, pelo qual o credor, sujeito ativo de uma obrigação, transfere a outrem, no todo ou em parte, a sua posição na relação obrigacional*"[(6)].

No voto do Min. Marco Aurelio, no julgamento do Tema n. 361, aduz: "*Ora, não havendo nenhuma objeção prevista no ordenamento jurídico, o cessionário, ao adquirir o crédito, assume o lugar do cedente; se esse faz jus a título de natureza alimentícia, não cabe ao Poder Judiciário, ou mesmo à parte devedora, alterar essa característica intrínseca à ordem de pagamento*".

Pelo posicionamento do Ministro relator, é possível concluir que a alteração da natureza do crédito, prejudicado o próprio credor alimentício, devidamente tutelado constitucionalmente, se levado em conta o crescente mercado de compra e venda de precatórios.

Certamente, se o crédito não possuir natureza alimentar não haverá interesse de terceiros na sua aquisição.

O § 1º do art. 42 da Resolução n. 303, do CNJ, na mesma esteira, preconiza que: "*A cessão não altera a natureza do precatório, podendo o cessionário gozar da preferência de que trata o § 1º do art. 100 da Constituição Federal, quando a origem do débito assim permitir, mantida a posição na ordem cronológica originária, em qualquer caso*".

Sendo atribuída a natureza do precatório (comum, alimentar ou preferencial), com sua expedição, inclusão na respectiva fila, para que seja quitado e observando-se a ordem cronológica, não parece razoável realizar qualquer alteração.

A mudança da natureza alimentar do precatório objeto de cessão e consequentemente a alteração na ordem de pagamento, nesse momento, após toda a tramitação processual, comina em nova análise de tudo que já foi feito, ou ainda, a discussão de uma nova natureza no documento, em virtude de cessão, deveria ser julgada pelos Tribunais de Justiça que sentenciaram a ação mais uma vez.

Assim sendo, pode-se concluir que tal modificação implica na imposição de condições subjetivas ou objetivas em face do credor cessionário, o que pode ensejar preterições e até justificar o pedido de sequestro de verbas públicas, além de descumprir os preceitos constitucionais relativos à dinâmica dos precatórios.

---

(6) TARTUCE, Flavio. *Manual de direito civil*. 4. ed. Rio de Janeiro: Forense; São Paulo: Método, 2014. p. 410.

Referências bibliográficas:

GEROMES, Sergio. *Cálculo de liquidação no cumprimento de sentença previdenciária*. 1. ed. Belo Horizonte: Editora IEPREV, 2021.

SAVARIS, José Antonio. *Direito Processual Previdenciário*. 7 ed. Curitiba: Alteridade, 2018;

SERAU, Marco Aurelio. *EC 113* — Alterações no Regime de Precatórios. Disponível em: <https://www.migalhas.com.br/depeso/356448/ec-113--alteracoes-no-regime-de-precatorios>. Acesso em: 05 fev. 2022.

______. *EC 114* — Programa de renda mínima e alterações no regime de precatórios. Disponível em: <https://www.migalhas.com.br/depeso/356944/ec-114--programa-de-renda-minima>. Acesso em: 05 fev. 2022.

TARTUCE, Flavio. *Manual de direito civil*. 4. ed. Rio de Janeiro: Forense; São Paulo: Método, 2014.

Crise de Efetividade dos Direitos Sociais no Brasil

A Assistência Social como Política de Combate à Pobreza e o Problema das Desigualdades Sociais

Luciana Spindola Leite(1)

Resumo: Trata-se de artigo sobre a Assistência Social como Política Pública de combate à pobreza e problema das Desigualdades Sociais, visando nesse artigo debater se as formas de Política Pública inseridas no Brasil, como programas de proteção aos cidadãos vulneráveis são eficazes para diminuir as diferenças sociais, que vai muito além da concessão de benefícios e programas assistenciais.

Palavras-chave: Política pública — Desigualdade social — Assistência social — Programas assistenciais — Benefícios Assistenciais — Vulnerabilidade — Auxílio Brasil.

Assistência social

A Assistência Social foi criada pela Lei Orgânica da Assistência Social (LOAS) — Lei n. 8.742/1993, visando diminuir a vulnerabilidade da sociedade em situação de risco.

O debate sobre a Assistência Social como política de combate à pobreza e o problema das desigualdades sociais nunca foi tão necessário como nos tempos atuais, em que vivemos uma grave crise pandêmica, causada pelo coronavírus, desde março de 2020.

---

(1) Diretora Secretaria Adjunto da 119 Subseção da OAB de Ubatuba (2022/2024). Coordenadora da Comissão de Direito Previdenciário da 119 Subseção da OAB de Ubatuba (2019/2021). Coordenadora Adjunto do Instituo Brasileiro de Direito Previdenciário — IBDP. MBA em Processo do Trabalho e Processo Previdenciário pela Academia Jurídica. Pós-graduada em Direito Previdenciário pela Faculdade Damásio de Jesus; Pós-graduada em Gestão Pública pela universidade de Taubaté- Unitau. Graduada pela Universidade Braz Cubas – UBC. Advogada Previdenciária.

Dia 05 de outubro de 2022 completaremos 34 (trinta e quatro) anos de Seguridade Social, esta que abrange não só a Assistência, mas também a Saúde(2) e a Previdência Social(3), criada com a promulgação da Constituição de 1988 CF/88.

Assim, temos que a Assistência Social veio com a evolução da Previdência Social e da Saúde, que juntas formam a Seguridade Social, de acordo com art. 194 da CF, que diz:

> "a **seguridade social** compreende um conjunto integrado de ações de iniciativa dos Poderes Públicos e da sociedade, destinadas a assegurar os direitos relativos à saúde, à previdência e à assistência **social**."

É inegável, que a Assistência Social ao longo desses anos sofreu umaevolução em sua estrutura e consequentemente trouxe apoio para o melhor desenvolvimento da Política Pública, através de oferecimento de serviços ou concessões de benefícios.

No entanto, busca-se saber se essa evolução realmente está sendo eficaz, no combate à desigualdade social.

Nota-se que a Constituição em seus arts. 203 e 204, estabelece que, a Assistência Social será prestada a quem dela necessitar, independente de contribuição, ou seja, tem caráter NÃO contributivo.

De acordo com art. 2º da LOAS, a Assistência Socia tem por objetivos:

> "I – a proteção social, que visa à garantia da vida, à redução de danos e à prevenção da incidência de riscos, especialmente:
>
> *a)* a proteção à família, à maternidade, à infância, à adolescência e à velhice;
>
> *b)* o amparo às crianças e aos adolescentes carentes;
>
> *c)* a promoção da integração ao mercado de trabalho;
>
> *d)* a habilitação e reabilitação das pessoas com deficiência e a promoção de sua integração à vida comunitária; e
>
> *e)* a garantia de 1 (um) salário-mínimo de benefício mensal à pessoa com deficiência e ao idoso que comprovem não possuir meios de prover a própria manutenção ou de tê-la provida por sua família;
>
> II – a vigilância socioassistencial, que visa a analisar territorialmente a capacidade protetiva das famílias e nela a ocorrência de vulnerabilidades, de ameaças, de vitimizações e danos;

---

(2) Art. 196 CF A saúde é direito de todos e dever do Estado, garantido mediante políticas sociais e econômicas que visem à redução do risco de doença e de outros agravos e ao acesso universal e igualitário às ações e serviços para sua promoção, proteção e recuperação.

(3) A previdência social será organizada sob a forma do Regime Geral de Previdência Social, de caráter contributivo e de filiação obrigatória, observados critérios que preservem o equilíbrio financeiro e atuarial, e atenderá, na forma da lei.

III – a defesa de direitos, que visa a garantir o pleno acesso aos direitos no conjunto das provisões socioassistenciais.

Parágrafo único. Para o enfrentamento da pobreza, a assistência social realiza-se de forma integrada às políticas setoriais, garantindo mínimos sociais e provimento de condições para atender contingências sociais e promovendo a universalização dos direitos sociais."

Se a Assistência Social não tem caráter contributivo, como ela é financiada?

Será financiada através de orçamento da Seguridade Social, ou seja, por toda sociedade de forma direta e indireta, nos termos da lei, mediante recursos provenientes dos orçamentos da União, dos Estados, do Distrito Federal dos Municípios e de Contribuições Sociais, conforme dispõe art. 195 da CF.

A ideia da Assistência Social ao ser proposta na Constituição é exatamente diminuir a Desigualdade Social e buscar o equilíbrio na sociedade.

Em se tratando de Assistência Social, não haverá somente iniciativa da União, isso se dá devido às diretrizes que a norteiam de descentralização político-administrativa, assim, a iniciativa de prestar Assistência abrange todos os órgãos da federação.

Muito embora o Sistema Único de Assistência Social (SUAS) tenha por objetivo integrar a rede pública e privada de serviços, programas e benefícios de Assistência Social, as entidades sem fins lucrativos e credenciadas também tem legitimidade de oferecer esses serviços.

No entanto, sabemos que a maioria dos serviços são prestados pelos CRAS(4) e CREAS(5), que oferecem atendimento individualizado ou em grupo a indivíduos e famílias que vivem em situações de violação de direito e violência, dentre outras circunstâncias.

Desta forma, qualquer pessoa que vivencie uma situação de vulnerabilidade social pode usar esses serviços, que visam prevenir o risco de desamparo através do fortalecimento de vínculos familiares e comunitários.

Feito uma breve introdução sobre a Assistência Social, vejamos abaixo alguns programas de Política Pública aplicada no Brasil.

Política pública

Política pública nada mais é do que um processo com várias etapas e regras que tem por objetivo resolver um problema público. Os programas de proteção social auxiliam os vulneráveis aos diversos setores, tais como: aquisição da casa própria, erradicação do trabalho infantil, proteção à família, dentre outros.

---

(4) CRAS — Centro de Referência da Assistência Social.

(5) CREAS — Centro de Referência Especializado da Assistência Social.

Nesse sentido, falaremos sobre política pública como forma de combate à pobreza, maior qualidade de vida da população vulnerável e sua abrangência no Brasil.

A Lei orgânica da Assistência Social — Lei n. 8.742/91, em seus arts. 23, 24 e 25, definem os serviços, programas e projetos da Assistência Social, na forma que segue:

Os serviços assistenciais são as atividades básicas continuadas que visam melhoria de vida da população e que as ações são voltadas para as necessidades básicas.

Os programas de Assistência Social estabelecem ações integradas e complementares com objetivos, tempo e áreas bem definidas com propósito de melhorar os benefícios e serviços sociais.

Os projetos compreendem a instituição de investimento econômico e social, nos grupos populares, buscando patrocinar financeira e tecnicamente, iniciativas que lhes garantam capacidade produtiva e de gestão para melhoria das condições de subsistência, elevando o padrão da qualidade de vida.

Desde a constituição da Assistência Social foram inúmeros os serviços e benefícios prestados à população. Destaco alguns programas que entendo ser os mais relevantes, principalmente em relação aos últimos anos, devido a pandemia:

- Cadastro Único;
- Auxílio Brasil;
- Combate à Covid-19;
- Assistência Social. Serviços e Programas. Unidades de Atendimento. Benefícios Assistenciais;

É importante destacar que para participar de qualquer programa assistencial do governo é necessário ser inscrito no cadastro único (CadÚnico).

CadÚnico

O Cadastro Único CadÚnico é um registro que permite ao governo saber quem são e como vivem as famílias de baixa renda no Brasil. Foi criado pelo Governo Federal, mas é operacionalizado e atualizado pelas prefeituras de forma gratuita. Ao se inscrever ou atualizar seus dados no CadÚnico, o cidadão poderá participar de vários programas sociais, desde que cumpra com os requisitos da lei.

Considerando que o CadÚnico é operacionalizado e atualizado pelas prefeituras, cabe ao Município a obrigação de levar à população a melhor forma para que as famílias não fiquem sem o cadastramento.

A ideia de reunir toda informação do cidadão num único cadastro é ótima, no entanto, a forma de operacionalizar o sistema é ruim, considerando que o Município deveria se preocupar com o cadastramento de toda população que vive em situação de "pobreza extrema, que mora em local de difícil acesso, fornecendo opções para o cidadão efetuar o cadastro nos casos de impossibilidade de se dirigir ao CRAS ou CREA, como exemplo, disponibilizando atendimento itinerante, o que infelizmente não ocorre na maioria dos municípios.

Assim o que deve ser uma forma de acolhimento, acaba sendo uma forma de exclusão, quando o governo propõe a forma digital de acesso ao CadÚnico, por meio de aplicativos, ignorando o fato da grande maioria da população vulnerável não ter acesso à *internet*, celular ou computador, muito menos condições intelectuais de efetuar o cadastramento de forma digital.

Claramente percebemos a exclusão de grande parte da população aos programas, serviços ou benefícios assistenciais, o que pode contribuir com o aumento da desigualdade social.

Auxílio Brasil

A Lei n. 14.284 sancionada em 31 de dezembro de 2021, instituiu o Programa Auxílio Brasil e o Programa Alimenta Brasil, que definem metas para taxas de pobreza, programas esses que substituem o Bolsa Família (Lei n. 10.836/2004) que foi revogado integralmente.

Em seu art. 2º, o programa informa que será executado por meio de integrações e articulações políticas, direcionada ao fortalecimento das ações do sistema único de assistência social (SUAS), transferência de renda, desenvolvimento da primeira infância, incentivo ao esforço individual e a inclusão produtiva rural e urbana.

O programa do Auxílio Brasil tem por objetivo promover a cidadania com garantia de renda e apoiar os meios dos benefícios e serviços ofertados pelo SUAS, reduzir a situação de pobreza, promover o desenvolvimento de crianças na primeira infância e proporcionar o desenvolvimento das políticas socioassistenciais, com as políticas de promoção à inclusão produtiva, incentivo ao empreendedorismo e inserção no mercado de trabalho informal.

Nota-se que o programa do Auxílio Brasil, teoricamente pouco inova em relação ao Bolsa Família, muito embora conste de matérias jornalísticas que o novo Auxílio é um Bolsa Família melhorado, só teremos como afirmar essa premissa com o passar do tempo através de estudos e estatísticas.

De acordo com as pesquisas o programa do Bolsa Família foi um dos maiores programas assistenciais de Política Pública, inserido pela Lei n. 10.836/2004, destinado a transferência de renda do governo federal, vinculado a programas de educação, bolsa escola, saúde, auxílio gás e cadastramento único do governo federal — CadÚnico.

Sociólogos e políticos criticam duramente o programa do Auxílio Brasil, no sentido de entender que a perspectiva de substituir o Bolsa Família põe em risco todo sistema de proteção social que vem sendo construído no País e afirmam que a inclusão do programa trata-se de mera estratégia eleitoreira, considerando que boa parte dos benefícios tem data para acabar coincidindo com as eleições para presidente.

A principal preocupação em relação ao Auxílio Brasil refere-se ao orçamento, já que o governo federal não previu orçamento para o programa e ainda repassa responsabilidades aos Estados, Municípios e Distrito Federal, o que certamente terá um abalo ainda maior na questão da desigualdade social.

Independente das questões políticas que de fato norteiam boa parte dos programas assistenciais, a realidade é que muitos cidadãos não fazem parte dos cadastramentos desses programas, por necessidades básicas, como exemplo falta de acesso aos locais como explicado acima ou falta dos próprios documentos pessoais como, certidão de nascimento ou comprovante de residência.

Segundo IBGE[(6)] cerca de 3 milhões de brasileiros, não possuem registro civil de nascimento. Desde 2015 o instituto acompanha a estimativa de crianças que não receberam certidão de nascimento no primeiro ano de vida. As diferenças regionais são evidentes: "no sul do Brasil 0,28% da população não tem registro civil, no sudeste 1,1%, no centro-oeste 1,25%, no nordeste 2,5% e no norte 7,5%, os dados são de 2019.

Em uma sociedade marcada pela desigualdade social, que se materializa pela fome e miséria nas ruas, a falta de uma folha de papel que ateste o mínimo de dignidade não é assunto corriqueiro, no entanto, esse documento é a única garantia de acesso à cidadania.

Sem a certidão de nascimento não é possível tirar o RG, CPF obter a carteira de trabalho, se matricular em escola e muito menos fazer o CadÚnico, ou seja, essa pessoa não existe para a sociedade.

Consequentemente esse cidadão invisível para a sociedade é o mais necessitado de serviços e benefícios oferecidos pelo governo e não tem acesso a eles, por falta de documentação.

Auxílio Emergencial

O Auxílio Emergencial foi instituído através da Lei n. 13.982/2020 (Coronavírus) e teve como objetivo fornecer proteção emergencial no período de enfrentamento

(6) IBGE — Instituto Brasileiro de Geografia e Estatísticas.

à crise causada pela pandemia do Coronavírus, ou seja, trata-se de Política Pública assistencial.

O Auxílio emergencial atingiu pessoas em situação de vulnerabilidade econômica e social, sem exigir a contrapartida que é o recolhimento de contribuição previdenciária.

Desta forma, contemplou famílias que estavam recebendo o Bolsa Família e que já estavam cadastradas no cadÚnico, além de famílias trabalhadoras e que devido a pandemia ficaram em situação vulnerável, que são os microempresários.

Esse benefício também deixou de contemplar milhares de brasileiros, por falta de documentação, falta de acesso aos meios digitais, falta de atualização no aplicativo e excesso de burocracia.

De acordo pesquisa realizada pela FGV Social, mais de 22 milhões de pessoas vivem abaixo da linha da pobreza no Brasil. Antes da pandemia em 2019 era pouco mais de 23 milhões de cidadãos nessa situação. Dados obtidos pela Reportagem da CNN Brasil dia 07/10/2021.

Percebemos então que na prática, em 2020, o índice de GINI(7) foi de 0,500, de acordo com Pnad (Pesquisa Nacional por Amostra de Domicílios Contínua), já em 2021 com a suspensão do auxílio emergência o índice que foi medido no segundo trimestre saltou para 0,640.

Essa medição varia entre os números 0 e 1, onde 0 (zero) seria uma situação de completa igualdade na distribuição de renda (todos com a mesma renda per capta) e 1 (um) que corresponde a uma completa desigualdade entre as rendas (um pequeno grupo com tudo e a maioria sem nada).

Dessa forma, quanto mais um país se aproxima do um, mais desigual em distribuição de renda ele é.

Portanto, aparentemente o Auxílio Emergencial maquiou o cenário da desigualdade social, dando a entender que o número de brasileiros abaixo da linha da pobreza havia diminuído, quando de fato aumentou, demonstrando que essa política pública não foi eficaz, do ponto de vista social.

O Auxílio Emergencial teve duração de abril/2020 até outubro/2021, sendo absolvido pelo Auxílio Brasil.

---

(7) GINI É o instrumento para medir o quanto um determinado local pode ser igualitário ou desigual social e economicamente. Foi criado pelo matemático italinao Conrado Gini no ano de 1912, por isso o índice recebe o nome de GINI.

Benefício especial: compensação financeira por incapacidade laboral ou morte decorrente da Covid-19

Esse benefício especial foi criado pela Lei n. 14.128/2021 e trata-se de compensação financeira, que será paga pela União aos profissionais de saúde, que durante o período de emergência de saúde pública de importância nacional decorrente do coronavírus estiveram expostos ao contágio com o vírus.

Os profissionais da saúde que se tornaram permanentemente incapacitados para o trabalho, ou a seu cônjuge, companheiro, dependentes, herdeiros ou em caso de morte, tem direito a essa compensação financeira.

Trata-se de um benefício assistencial especial destinado ao profissional de saúde, não exige carência, nem qualidade de segurado e apesar da vigência da lei, a forma de compensação ainda será regulamentada.

Benefícios assistenciais

Por definição, os benefícios assistenciais fazem parte da política pública assistencial e são direito do cidadão.

O benefício de prestação continuada (BPC) foi instituído com a Lei n. 8742/93 e está previsto no art. 20, como sendo a garantia do pagamento de 01 (um) salário-mínimo mensal, aos portadores de deficiência ou idosos, que comprovem não possuir meios de prover a própria manutenção e nem tê-la provida pelo núcleo familiar.

Os critérios da renda per capita são constantemente alterados pela legislação e trazem interpretações divergentes, tanto na esfera administrativa quanto judicial.

A última alteração legislativa que trata sobre o critério da renda foi instituída pela Lei n. 14.176 de 2021, que diz:

> "Art. 20-B. Na avaliação de outros elementos probatórios da condição de miserabilidade e da situação de vulnerabilidade de que trata o § 11 do art. 20 desta Lei, serão considerados os seguintes aspectos para ampliação do critério de aferição da renda familiar mensal per capita de que trata o § 11-A do referido artigo:
>
> I – o grau da deficiência;
>
> II – a dependência de terceiros para o desempenho de atividades básicas da vida diária; e
>
> III – o comprometimento do orçamento do núcleo familiar de que trata o § 3o do art. 20 desta Lei exclusivamente com gastos médicos, com tratamentos de saúde, com fraldas, com alimentos especiais e com medicamentos do idoso ou da pessoa com deficiência não disponibilizados gratuitamente pelo SUS, ou com serviços não prestados pelo Suas, desde que comprovadamente necessários à preservação da saúde e da vida."

Nota se que referida legislação está em confronto com a constituição federal em seu art. 203, inciso V, que não faz menção sobre a miserabilidade e sim, sobre a comprovação de não possuir meios para sua própria subsistência, que não são sinônimos, gerando grande insegurança jurídica, como já dito.

Sem dúvidas o benefício assistencial é o beneficio de maior impacto financeiro para as famílias que vivem em situação de vulnerabilidade, porque garante 01 salário-mínimo mensal ao cidadão que preencher os requisitos, o que certamente contribuirá com a elevação do nível da família tirando-a do "status" de "miserável" para "pobre".

No entanto, diante dos entraves para sua concessão em razão de critérios rigorosos, novamente, o sistema deixa de fora boa parte das famílias necessitadas.

Inúmeros são os motivos de indeferimento do benefício e novamente, nos deparamos com a falta de acesso do cidadão pelos motivos já relatados acima, como falta de certidão de nascimento e outros documentos pessoais ou falta de *internet*, para requerer pelos meios digitais, dentre outras dificuldades.

Desta forma, percebe-se que apesar de existir muitos programas sociais há pouca efetividade, acessibilidade e transparência.

Auxílio inclusão

O Auxílio Inclusão é um benefício assistencial previsto no estatuto do deficiente (art. 94 da Lei n. 13.146/2015), que somente teve vigência à partir de 1º.10.2021 através da Lei n. 14.176/2021, que foi a última legislação até o momento a tratar sobre os critérios da renda, no benefício assistencial.

O objetivo do auxílio inclusão é incentivar o deficiente a ingressar no mercado de trabalho, portanto, o critério para receber o auxílio é ser beneficiário ou ter deixado de receber o benefício assistencial pelo menos há 05 (cinco) anos.

O deficiente que começar a trabalhar deve auferir renda de no máximo 02 (dois) salários-mínimos e o valor do Auxílio Inclusão será de 50% do salário-mínimo.

O BPC será suspenso, quando o beneficiário receber este benefício, cessando o trabalho, o cidadão poderá requerer novamente o pagamento do benefício assistencial, assim, estamos diante de um programa de política pública, voltado para a inclusão do deficiente no mercado de trabalho.

Percebe-se que a inclusão desse benefício é meramente teórica, na prática penso que não terá muita adesão, isto porque, o deficiente que consegue exercer ofício, trabalhar registrado ou contribuir com o INSS, está amparado pelo benefício previdenciário da aposentadoria ao portador de deficiência ou pelos benefícios por incapacidade.

A pessoa com deficiência, beneficiária do BPC, que viveu sua vida toda em situação vulnerável e que aufere 01 salário-mínimo de benefício assistencial que não tem condições financeiras para cuidar de sua saúde a ponto de se inserir no mercado de trabalho e correr o risco de perder o único benefício que lhe garante a sobrevivência.

Muito embora, conste na legislação que o benefício assistencial será suspenso, podendo no caso de desemprego ser reativado, na prática, não sabemos como a reativação do benefício será operacionalizada, se vai demorar a análise, a exemplo do que vem ocorrendo com todos os benefícios que permanecem em análise no INSS, assim, seria temerário colocar em risco única verba alimentar do deficiente, motivo pelo qual, penso que este benefício não terá adesão dos deficientes.

Desigualdade social

A desigualdade social nada mais é do que uma desigualdade econômica, ou seja, é um problema social oriundo da má distribuição de renda e da falta de investimento na área social, educação e saúde.

Neste trabalho focamos na área social e conforme vimos acima, houve investimento na área social, no entanto, de maneira ineficaz, já que falta o mínimo para o cidadão se sentir inserido na sociedade, como acesso aos serviços, programas, beneficios e consequentemente menos burocratização.

Segundo o sociólogo Luis Henrique Paiva coordenador de seguridade social do IPEA o Brasil está entre os 10 (dez) países mais desiguais do mundo, nesse *ranking* da desigualdade o Brasil apresenta índice de GINI de 0,539, com base em dados de 2018, no entanto, em total desconfromidade tem a 2ª maior concentração de renda entre mais de 180 (cento e oitenta) países (1% mais ricos em porcentagem).

É fato que os anos de 2020 e 2021 foram totalmente atípicos devido a pandemia enfrentada em todo mundo, e com ela houve uma grande demonstração do funcionamento das políticas públicas, que em uma situação de normalidade também ocorrem, porém, de forma branda, o que torna sua percepção muito discreta.

Assim, uma forma de amenizar todo impacto dessa estrutura flutuante, que é a economia de um país, é necessária às políticas públicas de combate a pobreza e das desigualdades sociais para dar suporte e o mínimo necessário para subsistência daqueles que vivem em extrema pobreza.

Conclusão

A Política Pública ainda que, com muita burocracia e com dificuldade de acesso a população que realmente necessita, continua sendo o meio eficaz de combate à pobreza.

A Assistência Social nos últimos anos vem ocupando uma posição importante, quanto às garantias dos direitos fundamentais.

Não há como negar que a Assistência Social evoluiu muito, principalmente após a promulgação da CF/88, respaldada pela Lei Orgânica da Assistência Social e pelo tratado Internacional dos Direitos Humanos o "Pacto de San José da Costa Rica" que possui "*status*" de Emenda Constitucional.

Para que o SUAS cumpra seu papel, não pode se deixar levar por apenas operacionalizar o sistema, é necessário levar o acesso à informação para essa população vulnerável, para que não sejam meros cidadãos invisíveis, sem o mínimo da dignidade como por exemplo ficar sem uma certidão de nascimento.

A responsabilidade com essa população não é somente do Estado, é de todos nós, considerando que a solidariedade, amor ao próximo e compaixão, são princípios que norteiam a Assistência Social.

Encerro esse artigo com considerações da Assistente Social, Doutora e Professora da PUC/SP Aldaíza Sposati, que entende que a proteção social no âmbito da Assistência Social vai muito além da análise do valor da renda:

> "A proteção social no âmbito da assistência social é muito mais do que a análise do valor da renda per capita dos membros de uma família. Quem assim pensa, não considera o acesso aos direitos sociais, mas somente o poder de compra, ainda que seja para a sobrevivência. Proteção social é garantia de uma relação digna entre provedores e dependentes e se compõe sobretudo da rede de vínculos sociais que a família e seus membros, mantém com a parentela, amigos, vizinhos e associações. Tudo isso somado as possibilidades concretas de ofertas de acessos, com que a família conta, nas políticas públicas, no território onde vive, que estabelecem sua capacidade de reagir às desproteções sociais que enfrenta."

Refereêcias bibliográficas

ANFIP — Associação Nacional dos Auditores-Fiscais da Receita Federal do Brasil. 6. Fundação ANFIP de Estudos Tributários e da Seguridade Social. I. Titulo. II. Décio Bruno Lopes (Coord.). III. Autora Maria Miranda Borges (Org.).

COSTA, José Ricardo Caetano. Comentários à Lei Orgãnica de Assistência Social – Loas: Lei n. 8742 de 7 de dezembro de 1993/Joeé Ricardo Caetano Costa, Marco Aurélio Serau Jr./2. edição/Curitiba: Juruá, 2021. 220 p.

FERNADES, Ana Paula. *A Previdencia Social do Brasil pós reforma:* EC n. 103/2019. (Coors.). Ana Paula Fernandes, Roberto de Carvalho Santos e Marco Aurélio Serau Junior. Belo Horizonte: IEPREV: Paideia Jurídica, 2020. 1. Previdencia Social. 2. Reforma da Previdencia. 3. EC n. 103/2019. 4.Brasil. I. Santos, Roberto de carvalho. II. Serau Junior, Marco Aurélio. III. Titulo.

SPOZATI, Aldaíza. Assistencia Social de Ação Individual a Direito Social. *Revista Brasileira de Direito Constitucional*, jul./dez. 2007.

Disponível em: <https://politica.estadao.com.br/blogs/gestao-politica-e-sociedade/auxilio-brasil-nao-e-o-bolsa-familia-melhorado-um-salto-no-abismo-e-o-desmonte-da-protecao-social-no-brasil/#_ftn1>

Disponível em: <https://agenciabrasil.ebc.com.br/radioagencia-nacional/geral/audio/2021-11/3-milhoes-de-brasileiros-nao-tem-registro-civil-de-nascimento>.

Disponível em: <https://www.cnnbrasil.com.br/business/quase-28-milhoes-de-pessoas-vivem- abaixo-da-linha-da-pobreza-no-brasil/>

Disponível em: <https://www12.senado.leg.br/noticias/infomaterias/2021/03/recordista-em-desigualdade-pais-estuda-alternativas-para-ajudar-os-mais-pobres>

Seguro Social e Contrato de Trabalho Entre a Proteção e o M.A.L. (Meio Ambiente Laboral)

Ergonomia Integral e o Nexo Causal no Sinistro Laboral

Lenz Alberto Alves Cabral(1)

Resumo: O nexo causal no sinistro laboral, assim como os efeitos dele decorrentes, como os direitos trabalhistas, previdenciários e reparatórios de danos dependem de fundamentação técnico-legal, com base em laudos ergonômicos, muitas vezes inconsistentes e inconclusivos, realizados a partir de Análises Ergonômica do Trabalho tradicional.

A Análise Ergonômica Integral, uma forma de análise ergonômica do trabalho fundamentada em fatores como a "individualidade/unicidade" de cada trabalhador, assim como também dos agentes ambientais laborais, resulta em laudos que reproduzem a realidade laboral com mais fidelidade e assertividade, através de uma caracterização consistente e dimensionada dos riscos ambientais laborais, resultando em mais segurança jurídica para todos os operadores responsáveis pela saúde e segurança no trabalho da relação tripartite, trabalhador, empregador e estado, juntamente com os seus representantes legais, embora a "Ergonomia Integral" não dispense qualquer outra metodologia já usada na Ergonomia "tradicional" por ser uma, um complemento indispensável da outra.

Palavras-chave: Ergonomia integrativa — Nexo causal — Sinistro laboral — Relação tripartite.

---

(1) Médico do trabalho/ergonomista. Mestre-FAMERP/SP: "Nexo Causal no Acidente do Trabalho". Especialista em Medicina do Trabalho pela ANAMT/AMB. Especialista em Ergonomia, com pós-graduação *lato sensu*, realizada na Faculdade de Ciências Médicas de Minas Gerais - Belo Horizonte-MG, reconhecido pelo MEC. Professor convidado em vários cursos brasileiros de pós-graduação em Medicina do Trabalho e Engenharia de Segurança. Professor e Coordenador do curso de Gestão em Ergonomia Aplicada ao Trabalho/PROERGON Uberlândia/MG. Autor dos livros como *Abre a CAT?*, lançado em novembro de 2011 pela LTr, atualmente na 6. edição pela Editora Mizuno; e *Limbo Trabalhista*, LTr, 1. edição e Ergonomia Integral, na 1. edição pela Editora Mizuno. Coordenador pedagógico e professor do curso de Ergonomia Aplicada ao Trabalho pela FAMERP--SJRP/SP. Coordenador de PSMCSO/Gestor de Saúde Ocupacional/Ergonomia da SADIA/BRF por 13 anos. Diretor da Proergon, empresa prestadora de serviços nas áreas de Gestão em SST/Ergonomia em grandes empresas no Brasil, como: Monsanto, Souza Cruz, Sadia/BRF, Usina Guarani, Usina Delta (2014), FAMERP, entre outras.

1. Introdução/Intervenção ergonômica e seus dois escopos: prevencionista e pericial

A ergonomia tem por objetivo adequar o trabalho às pessoas, transformando-o em algo confortável, saudável, seguro e produtivo.

A Análise Ergonômica do Trabalho avalia um posto de trabalho em busca de riscos ambientais laborais, registrando-os em um laudo ergonômico, documento que irá subsidiar tanto as intervenções preventivas quanto as periciais, fornecendo parâmetros para as ações de melhorias do ambiente laboral por meio da eliminação ou mitigação dos riscos e fundamentando as bases técnico-legais dos litígios trabalhistas decorrentes dos sinistros laborais, como o acidente do trabalho e as doenças ocupacionais.

Porém, os riscos são detectados no posto de trabalho como se todos os trabalhadores nele presentes fossem iguais, com a mesma altura, o mesmo peso, o mesmo sexo, a mesma idade, o mesmo funcionamento físico e mental, as mesmas predisposições ao adoecimento, sem qualquer necessidade especial, sem quaisquer intercorrências, como gravidez, doença, convalescença, ou qualquer outra restrição laboral, ou seja, com base em um trabalhador ideal, um "trabalhador médio", que não existe.

Da mesma forma, os riscos também são tratados de modo igual, como se fossem grandezas absolutas, equivalentes e isolados entre si, desconsiderando particularidades individuais importantes, assim como as suas interações entre si e destes com o ambiente laboral (aqui, obviamente, incluído o trabalhador), o que resulta em uma visão técnico-legal reducionista, que pode gerar falsos resultados com desperdícios de recursos por gerenciar riscos sem importância, às vezes até inexistentes ou, ainda pior, não identificar riscos ambientais, expondo trabalhadores a "reais riscos", assim também como não priorizar os riscos de grande potencial de dano, ou mesmo confirmar equivocadamente um nexo causal em situações em que o trabalho não gerou tal dano ou, ao contrário, descartar um nexo causal em um legítimo sinistro laboral, de modo que a abordagem dos riscos sem considerar essas dimensões no contexto da ambiência laboral resulta em uma míope Análise Ergonômica do Trabalho.

Seguem alguns exemplos demonstrando a importância da consideração das dimensões dos trabalhadores e dos agentes ambientais laborais.

Um mesmo agente ambiental em um mesmo posto de trabalho pode gerar situações diversas, para uns produzindo efeitos desfavoráveis, para outros favoráveis, para alguns sem nenhum efeito, como no exemplo de uma esteira que pode provocar risco para a coluna vertebral de um trabalhador de grande estatura, forçando-o a fletir a coluna vertebral para alcançar a peça a ser trabalhada, ou risco para os membros superiores em um trabalhador de baixa estatura, forçando-o a elevar os membros superiores para alcançar a peça, ou mesmo indiferença para um trabalhador de estatura mediana.

Em outro exemplo, uma nova exigência na empresa pode provocar efeitos favoráveis e desfavoráveis em diferentes trabalhadores, como uma determinação do cumprimento de meta que pode soar para um trabalhador como um fator motivador, uma esperada oportunidade de demonstração e reconhecimento de suas habilidades, porém para outro pode se transformar em um fator ameaçador, gerando insegurança, desconforto, podendo chegar a comprometer a qualidade de vida daquele profissional, em alguns casos até resultar em adoecimento.

Um mesmo agente ambiental pode provocar efeitos diversos até em um mesmo trabalhador ao longo da sua vida, como o transporte de uma mesma carga, adequadamente dimensionada para um trabalhador de 20 anos, que pode se tornar inadequada para o mesmo trabalhador aos seus 60 anos, gerando sobrecarga de peso.

Como resultado da interação entre o ambiente laboral e o agente ambiental, uma mesma exposição em diferentes ambientes laborais pode caracterizar situações diferentes, uma caracterizando como risco ambiental, em outra ausência de risco, como na presença de um ruído constante de 70 dB (NA) em um ambiente onde "são executadas atividades que exijam solicitação intelectual e atenção constantes", que é um risco ergonômico, diante do limite máximo definido de 65 dB (A) pela legislação, porém em um ambiente fabril com jornada de 8 horas não é registrado como risco por não alcançar o "nível de ação".

Como interpretar e agir diante de mesmos postos de trabalhados em turnos diferentes, com "os mesmos riscos" detectados pela Análise Ergonômica do Trabalho, em um deles sem qualquer queixa, enquanto o outro se apresenta com altos níveis de queixas, adoecimento, absenteísmo, presenteísmo, turnover e reclamações trabalhistas?

O que fazer diante de trabalhos com riscos importantes como alguns decorrentes de grande número de repetições de elevações dos braços acima dos ombros, de desvios posturais dos membros superiores, exposição a alta velocidade, a altíssimos níveis de ruído, traumas repetidos no crânio, exposição a situações muito perigosas e estressantes, quando são decorrentes de atividades respectivamente, como jogadores profissionais de vôlei ou basquete, músicos profissionais, piloto profissional de moto ou carro, baterista de banda de rock, lutador profissional de boxe, bombeiros especializados em resgate e salvamento?

Como abordar os riscos ambientais em um posto de trabalho, cujos trabalhadores apresentem uma (ou mais de uma) dessas situações, como Pessoa Portadora de Necessidades Especiais (PNE) ou, em retorno ao trabalho com limitações ou restrições decorrentes de convalescença de alguma doença ou acidente, ou em readaptação laboral, ou portadores de idiossincrasia, ou mesmo sendo uma pessoa "normal", porém com alguma diferença que determine um risco diferente daqueles dos demais colegas?

Como agir para melhorar as condições laborais em um posto de trabalho diante da detecção dos mesmos riscos de todos os anos anteriores, enquanto a sua eliminação, na realidade vigente é inviável seja por questões técnicas ou econômicas?

A Análise Ergonômica do Trabalho na Ergonomia Integral é dirigida à identificação dos riscos "diferenciados" (específicos de um trabalhador ou de um grupo de trabalhadores), dos agentes "complexos" (subjetivos, de avaliação indireta), das "chances laborais", da "adaptação do trabalho à pessoa" (pessoa, no singular) e à "fundamentação técnico-legal" em litígios periciais dirigida a uma situação específica envolvendo um determinado trabalhador, em um determinado trabalho, em um determinado momento (Célula de Trabalho).

A Análise Ergonômica do Trabalho exige uma evolução contínua ao longo do tempo, em especial nesse momento atual, com o avanço da 4ª Revolução Industrial, em que os recursos tecnológicos dos meios de produção proporcionam infinitas possibilidades de customização de produtos e serviços em uma escala inimaginável em tempos passados, proporcionando como nunca o atendimento às necessidades particulares de cada indivíduo, já permitindo em algumas situações realizar uma configuração personalizada do trabalho de acordo com as necessidades de cada trabalhador, objetivo maior da Ergonomia Integral, que tem como seu principal produto justamente a adequação do trabalho "à pessoa, no singular", elevando o trabalho de um objeto de tortura (tripalium) a uma atividade sustentável para a vida humana, trazendo segurança sanitária e jurídica.

2. Ergonomia integral, mais consistência técnico-legal: maior segurança jurídica

A "adaptação do trabalho às pessoas" é um bom conceito de ergonomia pela sua concisão, abrangência e consonância com o texto da legislação trabalhista brasileira (NR 17): "visa a estabelecer parâmetros que permitam adaptação das condições de trabalho às características psicofisiológicas dos trabalhadores, de modo a proporcionar um máximo de conforto, segurança e desempenho eficiente".

Porém, essas "características psicofisiológicas desses trabalhadores" citadas na legislação são decorrentes da própria diversidade humana que é formada por seres não idênticos entre si, consequentemente também não sendo idênticos os riscos laborais resultantes da relação de cada trabalhador com o seu trabalho, de modo que um risco ambiental detectado em um posto de trabalho pode não ser comum a todos as pessoas nele presentes, provocando assim diferentes efeitos em cada trabalhador. Da mesma forma, em sentido contrário, o trabalho pode provocar um risco laboral exclusivo para um trabalhador decorrente de uma característica peculiar desse indivíduo que em nada afeta os demais trabalhadores do mesmo posto de trabalho.

Em geral, os riscos ambientais laborais são comuns a todos os trabalhadores do mesmo posto de trabalho, porém alguns, em especial os "riscos ergonômicos", podem não se manifestar da mesma forma em diferentes trabalhadores, podendo estar presentes em alguns e ausentes para outros, razão pela qual a sua abordagem não pode ser absoluta, sem levar em conta cada indivíduo.

Assim, as tais "características psicofisiológicas dos trabalhadores" referidas no texto legal, acabam por reforçar que cada um desses trabalhadores é um "ser único", de tal forma que a adaptação das condições de trabalho deve ser individual, portanto, adaptando o trabalho a "cada trabalhador", tendo em vista que a imensa diversidade humana acaba por transformar cada pessoa em um indivíduo único, ímpar.

O mesmo posto de trabalho pode gerar riscos ergonômicos diversos, comprometendo diferentes segmentos corporais devido às variedades antropométricas dos trabalhadores, como aquelas observadas em diferenças de estatura entre dois trabalhadores em uma mesma linha fordista, provocando dificuldades para ambos alcançarem a peça a ser trabalhada, sendo um decorrente da necessidade de flexão da coluna vertebral devido à sua grande estatura, e outro, decorrente de elevação dos membros superiores devido à sua baixa estatura, demonstrando que um mesmo posto de trabalho pode gerar diversos riscos para diferentes trabalhadores. Até para um mesmo trabalhador, o mesmo posto de trabalho pode gerar riscos diferentes ao longo de sua vida, como ocorre em um transporte de uma carga bem adequada para um trabalhador ainda jovem, porém que pode se tornar de alto risco ergonômico para o mesmo trabalhador em idade avançada.

Assim como a idade avançada, outras particularidades humanas "inserem" no ambiente laboral risco até então inexistentes, ou "exacerbam" outros já existentes, decorrentes de diferenças geradas pelo gênero, peso, faixa etária, compleição física, predisposição individual para determinadas doenças, presença de uma necessidade especial, de doença, gravidez, convalescença, sequelas, tipos de personalidade, de tal forma que se faz necessária uma adequação no conceito de ergonomia, mudando de "adaptação do trabalho às pessoas" para "adaptação do trabalho à pessoa", no singular.

3. Evolução histórica do sinistro laboral: estudo imprescindível na compreensão do nexo causal laboral

A evolução histórica da sinistralidade evidencia cinco gerações de sinistros laborais, como base em dois parâmetros, a evolução das complexidades do "risco" e o seu respectivo "sinistro laboral/dano", alcançando um grau máximo de complexidade nas últimas gerações de sinistros (4ª e 5ª gerações), ambos especialmente determinados por "riscos complexos", de avaliação indireta, respectivamente, os Transtornos Mentais Relacionados ao Trabalho e o Assédio Moral.

Classificação histórica das doenças relacionadas ao trabalho, por década:

Cronologia de doenças relacionadas ao trabalho.

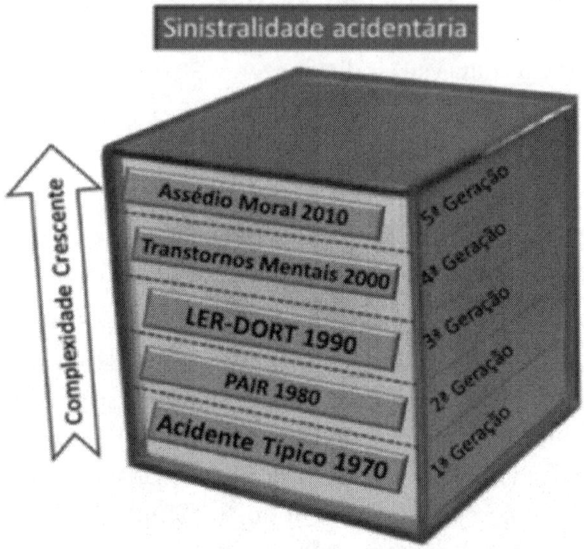

Assim, podemos classificar a sinistralidade acidentária em quatro gerações:

1. Acidente do trabalho;
2. PAIR;
3. LER-DORT;
4. Transtornos Mentais
5. Assédio moral

Seguindo a evolução histórica do sinistro laboral, partindo do acidente do trabalho, passando por PAIR, LER-DORT, Transtornos Mentais e do Comportamento, pode ser identificado um aumento da complexidade do estabelecimento do nexo causal com base nos seus dois elementos centrais, ou seja, o "risco" (físico, químico, biológico, operacional e ergonômico) e o "sinistro/dano" (lesão, distúrbio, doença, assédio moral).

Em relação ao risco, a complexidade aumenta ao comparar um risco de acidente tipo (acidente típico, entendido como sendo aquele com data, hora e local definidos e, de consequências imediatas), de mais fácil detecção, como piso escorregadio, ou máquina sem proteção, quando comparado a um risco de PAIR, que apresenta uma maior dificuldade na sua detecção, cujos resultados dependem de aparelhos e metodologias mais complexas padronizadas pela legislação trabalhista na determinação da presença e intensidade do ruído, resultando em um dano (perda auditiva) não imediato, de instalação insidiosa, ao longo de meses ou anos, porém também parametrizado pela legislação trabalhista. Tal complexidade continua a aumentar quando comparado às LER-DORT, cujo risco ergonômico ainda não se encontra padronizado na legislação brasileira (como ocorre com o risco ruído), ausência a ser socorrida por ferramentas ergonômicas ainda não incluídas em nossa legislação, gerando distorções desde a sua indicação, aplicação e interpretação dos resultados, sendo ainda de maior dificuldade de detecção o dano gerado nas LER-DORT, na maioria das vezes apenas na forma de "distúrbio", sem qualquer lesão objetiva aparente, daí a mudança do nome de LER (lesão) para DORT (distúrbio). Ao chegar em Transtornos Mentais e do Comportamento Relacionados ao Trabalho, a complexidade alcança um grau ainda mais elevado quando considerados os fatores de risco organizacionais, em especial os psicossociais, com parâmetros indefinidos. Tal complexidade de avalição alcança seu ponto máximo no assédio moral, em especial quando dirigido a apenas um trabalhador, em que os riscos organizacionais e psicossociais estão presentes apenas para o assediado, porém que não será objeto de estudo neste livro.

Assim, os riscos geradores dos sinistros das três primeiras gerações podem ser avaliados de forma direta (acidente do trabalho tipo, PAIR e LER-DORT), sendo a participação do trabalhador necessária apenas para elucidar eventuais dúvidas operacionais, pois a conclusão final é baseada nos critérios técnicos, portanto de avaliação direta. Já os riscos geradores dos sinistros da 4ª e 5ª gerações (Transtorno Mental Relacionado ao Trabalho Assédio Moral) não podem ser avaliados de forma direta dada a sua complexidade, devendo ser avaliados de forma indireta, por meio da opinião do trabalhador.

4. Ergonomia Integral, maior assertividade na caracterização e dimensionamento do nexo causal: objetividade e gradação nas decisões em litígios trabalhistas decorrentes de sinistros laborais

Entende-se por Análise Ergonômica do Trabalho "padrão ouro" aquela capaz de identificar rigorosamente a presença de todos os riscos ambientais no âmbito laboral e, não menos rigorosamente, descartar os não existentes, além de fundamentar o estabelecimento do nexo causal nos sinistros laborais, confirmando ou descartando, com base em rígidos critérios técnico-legais nas suas intervenções tanto na esfera prevencionista quanto na pericial, auxiliando a construção de um ambiente laboral seguro, saudável, produtivo, com qualidade de vida, gerando segurança jurídica na fundamentação dos litígios decorrentes das relações de trabalho.

A "Ergonomia Integral" não dispensa qualquer outra metodologia já usada na Ergonomia "tradicional" sendo uma, um complemento indispensável da outra, em especial na abordagem de situações complexas, geradas pelas relações do trabalho decorrentes de particularidades individuais tanto dos trabalhadores quanto dos agentes ambientais, assim como do resultado de suas interações entre os trabalhadores, entre os agentes ambientais e destes com aqueles, o que acaba revelando dimensões nos riscos laborais que facilitam desde a sua detecção ou descarte no ambiente laboral até no seu manejo, trazendo mais eficiência nas intervenções ergonômicas tanto prevencionistas quanto periciais, auxiliando na abordagem ergonômica de situações como a fragilidade do "risco legal", dificuldade de detecção e manejo do "risco diferenciado", "operador-dependente", "sinérgico", "complexo", "renitente", "ofuscado" e "acentuado", assim como também na detecção e manejo da "chance", além de gerar elementos para a elaboração do Balanço dos Contraditórios, essa importante ferramenta usada em avaliações periciais como subsídio para conclusões e sentenças da justiça do trabalho.

A facilitação da detecção do risco de avaliação indireta (Risco Complexo) por meio do questionário "Voz do Cliente" (ferramenta utilizada na Ergonomia Integral) traz segurança na identificação de problemas de origem organizacional, mostrando as sugestões de melhorias e trazendo mais segurança jurídica nas abordagens periciais, informações corroboradas pela riqueza de detalhes obtidos através do Caderno de Encargos (avaliação qualitativa da ferramenta Voz do Cliente) facilitando a identificação dos fatores de risco ligados ao ambiente laboral, elementos fundamentais na realização do Balanço dos Contraditórios.

Uma das diretrizes de uma Análise Ergonômica Integral é a conclusão sobre o nexo causal dos Transtornos Mental e da Personalidade com o trabalho, se positivo ou negativo, assim como a apresentação dos elementos necessários à sustentação de tal conclusão, tendo como referência os contraditórios do nexo causal elementos que influenciam positivamente ou negativamente. Assim, após avaliar todos os elementos fundamentais pertinentes ao "trabalhador" e ao "trabalho", devem ser destacados aqueles que contribuíram para a positividade do nexo e os que contribuíram para a negatividade do nexo causal.

O estabelecimento do nexo causal laboral nos Transtornos Mentais e do Comportamento deve ser realizado considerando os seus fatores determinantes relacionados ao trabalhador e àqueles relacionados ao trabalho, ou em outras palavras, os fatores não laborais e laborais.

Assim, após a avaliação criteriosa de tais fatores é possível decidir sobre a "plausibilidade" da doença em questão ter sido causada pelo trabalho em uma relação causal (causa), ou concausal (concausa). Porém, em qualquer conclusão, seja pelo nexo negativo ou positivo, é imprescindível a descrição dos elementos fundamentais do nexo causal ligados ao "trabalhador" e ao "trabalho", com base nos "contraditórios do nexo causal", como pilares de sustentação tanto para a conclusão do nexo causal.

O estabelecimento do nexo causal nos sinistros laborais tanto na esfera trabalhista (SEMST) quanto na previdenciária (INSS) é de natureza qualitativa, ou seja, binária, sim ou não, é ou não é decorrente do trabalho, de tal modo que são apenas duas as possibilidades do resultado da investigação: é ou não é acidente do trabalho, independente de quanto o trabalho participou na ocorrência do acidente. Assim, diante de uma investigação de um acidente, se o SESMT concluir que é acidente do trabalho sua ação é "registrar a CAT"; porém, o contrário, se concluir que é não acidente do trabalho sua ação é "não registrar a CAT". Da mesma forma, diante da investigação de um acidente, se o INSS concluir que é acidente do trabalho sua ação é conceder um benefício "acidentário"; porém, o contrário, se concluir que é não acidente do trabalho sua ação é conceder um benefício "não acidentário";

Em outras palavras, não existe a possibilidade de "graduação" da participação do trabalho, se muito ou pouco, mas sim apenas de forma qualitativa, se é ou não é decorrente do trabalho.

Porém, na Justiça do Trabalho além da caracterização do acidente como sendo ou não do trabalho, a indenização dos danos dele decorrentes é estabelecida pelo magistrado com base, entre outros fatores, na graduação de participação do trabalho, ao definir o "quantum indenizatório", de tal forma que as informações acerca do acidente são importantes diante de uma conclusão quantitativa.

O estabelecimento do nexo causal nos Transtornos Mentais e da Personalidade causados por agentes de avaliação ergonômica indireta pode ser facilitado com base na comparação entre os riscos organizacionais e psicossociais "laborais" e os "não laborais". A avaliação laboral pode ser realizada pela ferramenta Voz do Cliente e, a extra laboral através da anamnese com o paciente, avaliando os elementos fundamentais da anamnese psiquiátrica, sendo ao final realizada a comparação entre os agentes laborais e não laborais, a que chamamos de Balanço dos Contraditórios, concluindo pela presença ou ausência do nexo causal e, em caso positivo, estimando o grau de participação do trabalho, conforme sugerido por Dr. Sebastião Geraldo de Oliveira. Assim, de um lado são elencados os agentes não laborais potencialmente geradores do Transtorno Mental e da Personalidade e, do outro lado, os agentes laborais.

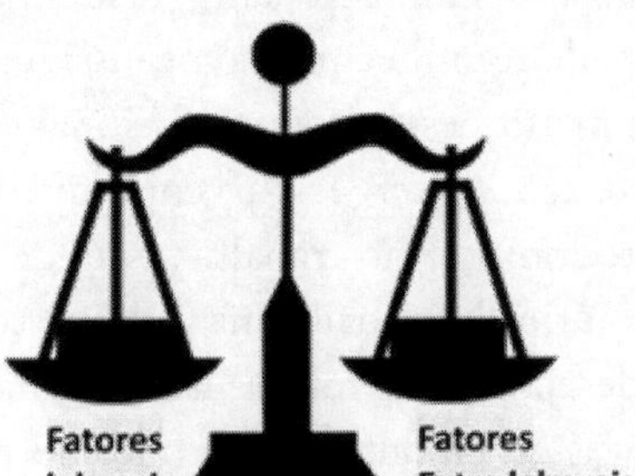

4.1. Fatores laborais e extra laborais determinantes dos Transtornos Mentais e da Personalidade

4.1.1. Fatores ligados ao trabalhador

Diagnóstico nosológico: CID do Transtorno Mental e da Personalidade.

Riscos sociais/hereditários: Vida laboral pregressa; vida extra laboral do trabalhador: Eventos relacionados à infância e adolescência; maus tratos, separação traumática dos pais, mortes de familiares próximos. CID's: Z59 (Problemas relacionados com a habitação e com as condições econômicas); Z60 (Problemas relacionados com o meio social); Z61 (Problemas relacionados com eventos negativos de vida na infância); Z63 (Outros problemas relacionados com o grupo primário de apoio inclusive com a situação familiar); casos familiares de transtorno mental.

Riscos psíquicos: Tipo de personalidade pre-mórbida do trabalhador (paranoide F60.0; esquizoide F60.1; antissocial F60.2; emocionalmente instável F60.3; histriônica F60.4; anancástica F60.5; ansiosa F60.6) e dependente; história pregressa de Transtorno Mental e da Personalidade.

4.1.2. Fatores ligados ao trabalho

Riscos Ocupacionais: Presença de riscos ambientais (físicos, químicos, biológicos, ergonômicos e operacionais), cumprimento ou não das normas regulamentadoras.

Riscos organizacionais (Portaria 1339): Circunstância relativa às condições de trabalho Y96; Problemas relacionados ao emprego e ao desemprego (Z56); Desemprego (Z56.0); Mudança de emprego (Z56.1); Ameaça de perda de emprego (Z56.2); Ritmo de trabalho penoso (Z56.3); Desacordo com patrão e colegas de trabalho Z56.4; Má adaptação ao trabalho (condições difíceis de trabalho) (Z56.5); Outras dificuldades físicas e mentais relacionadas ao trabalho (Z56.6); Outros problemas e os não especificados relacionados com o emprego Z56.7.

Riscos organizacionais abordados na Voz do Cliente: Deficiência ou falta de treinamento, baixo efetivo de trabalhadores, falta de participação do trabalhador na organização do trabalho, baixa remuneração, falta de identidade com a tarefa, falta de autonomia no trabalho, falta de reconhecimento profissional, ausência de significação no trabalho, falta de crescimento pessoal ou profissional, deficiência ou ausência de feedback, deterioração nas relações interpessoais com superiores, pares e clientes, falta de definição da tarefa, protecionismo no trabalho, falta de clima laboral corporativo, influências negativas do horário de trabalho na vida pessoal, falta de planejamento levando a inconstâncias indesejáveis nas rotinas laborais, não cumprimento de pausas prescritas, influências negativas do produto de seu trabalho na vida pessoal, monotonia, falta de estabilidade no trabalho, sub ou superdimensionamento da carga laboral, violência no trabalho, inadequação de máquinas, ferramentas, outros recursos e equipamentos, material ou matéria-prima inadequada, más condições no deslocamento do percurso casa-trabalho, deficiência ou ausência de plano de carreira, método inadequado de incentivo à produtividade, falta de auto realização, influência negativa do trabalho na vida social e familiar, conflitos entre as convicções pessoais e o trabalho, deficiência ou ausência de segurança e saúde no trabalho, desrespeito às diferenças e psicofisiológicas entre os trabalhadores.

Presença de Transtornos Mentais e da Personalidade Relacionados ao Trabalho, segundo o Decreto n. 3.048, no anexo II, tanto na Lista B quanto na Lista C.

Ou seja, avaliação se o CID da patologia em questão se encontra presente em uma das duas situações:

1. Presente na Lista B: lista oficial de Transtornos Mentais e da Personalidade relacionados ao trabalho.

2. Presente na Lista C. Neste caso, se o CID se encontra na relação CID/CNAE da empresa empregadora, considerar a possibilidade de estabelecimento de NTEP pela perícia do INSS.

Se estiver presente algum CID constante nos intervalos da lista C (F10-F19, F20-F29, F30-F39 e F40-F48), deve ser observado o seu posicionamento em relação ao CNAE da empresa empregadora. Caso este CID se encontre na relação CID/CNAE da empresa empregadora, o NTEP resultará em positivo.

Gradação das Concausas		
Graus de contribuição	**Contribuição laboral**	**Contribuição extra laboral**
Grau I	Leve-Baixa	Intensa-Alta
Grau II	Média-Moderada	Média-Moderada
Grau III	Intensa-Alta	Leve-Baixa

Referências biobliográficas

CABRAL, L. A. A. *Ergonomia Integral*. 1. ed. São Paulo: Mizuno, 2021.

______. *Nexo Causal no Acidente do Trabalho*. São José do Rio Preto. 2017. Dissertação (Mestrado) – Faculdade de Medicina de São José do Rio Preto, São Paulo, 2017. 116 p.

COUTO, H.A. *Ergonomia Aplicada ao Trabalho.* Belo Horizonte: Ergo, 2007.

GLINA, D. M. R.; Rocha, L. E. *Saúde Mental no Trabalho da Teoria à Prática.* 1. ed. São Paulo: Roca, 2010.

GUÉRIN, F. Compreender o trabalho para transformá-lo / a prática da ergonomia. 1. ed. São Paulo: Edgard Blücher, 2001.

OLIVEIRA, S. G. O. *Indenizações por acidente do trabalho ou doença ocupacional.* 9. ed. São Paulo: LTr, 2016.

Proteção da Saúde do Trabalhador e Meio Ambiente Laboral Diante das Novas Formas de Trabalho

Silvia Helena Grassi de Freitas[1]

Resumo: Quando falamos em proteção temos que consequentemente tratar da responsabilidade, visando a proteção do trabalhador. Buscaremos demonstrar que a via preventiva é mais eficaz que a reparadora, ainda diante das novas formas de trabalho. No Brasil, há legislação a amparar a saúde e a segurança do trabalhador, por meio do denominado trabalho seguro. A prevenção será efetivada através programas de segurança ambiental e laboral adequadas, as quais visam a proteção de direitos humanos sob o mando de direitos fundamentais

Palavras-chave: Saúde do trabalhador; responsabilidade; prevenção x indenização.

A proteção da saúde do trabalhador está garantida pela Constituição Federal, art. 7º, XXVIII, sem excluir a indenização a que o empregador está obrigado.

A responsabilidade civil é instituto de direito civil e tem como objetivo estabelecer os parâmetros para a indenização a ser paga por quem casou o dano. Um dos grandes aspectos a ser tratado diz respeito a verificação da ocorrência ou não de ato ilícito.

No ambiente da proteção laboral baseado na responsabilidade civil os arts. 120 e 121 da Lei de Benefícios da Previdência Social (Lei n. 8.213/91) caso a empesa e ou empregador tenha dado causa ao acidente do trabalho por dolo ou culpa fica obrigada a ressarcir o sistema previdenciário em relação aos valores dispendidos com a proteção social (pagamento de pensão por morte ou auxílio-doença ou aposentadoria por invalidez ou auxílio-acidente).

---

(1) Doutoranda em Direito Laboral pela UBA (Universidade de Buenos Aires). Mestre em Constituição e Processo pela UNAERP (Universidade de Ribeirão Preto). Especialista em Processo Civil pela UNAERP (Universidade de Ribeirão Preto). Advogada especializada na área de Direito do Trabalho. Assessora junto ao Conselho Estadual da Ordem dos Advogados do Brasil — OAB/SP, de 2014 a março de 2018 e 2021.

Sob a ótica da ética, a empresa deve agir visando o desenvolvimento de suas atividades sem a exposição excessiva ou demasiada da vida ou da saúde do trabalhador. Razão pela qual não pode usar as brechas das previsões legais para fugir de suas responsabilidades.

Sob a ótica econômica fica mais barato o investimento em proteção e prevenção de acidentes do trabalho do que atuar na via reparadora. Ou seja, com o pagamento de indenizações e a majoração da forma de financiamento das prestações decorrentes de acidente do trabalho (o modelo brasileiro adota o sistema do FAP = Fator Acidentário de Prevenção que modula para mais ou menos a alíquota da empresa para financiamento de tais prestações).

Analisaremos as ações regressivas como instrumento de responsabilidade civil visando a efetivação da proteção da saúde e vida do trabalhador ao garantir um meio ambiente laboral sadio e equilibrado. Buscaremos demonstrar que a prevenção é mais eficaz do que a via reparadora.

A Constituição Federal/88 ao regular sobre o direito à vida sob o ponto de vista qualitativo e quantitativo garante como direito fundamental do trabalho o exercício de trabalho em condições seguras e salubres. Arts. 1º, 6º, 225, art. 7º (XIV e XXII), art. 196, art. 200, II e VIII. Em especial destaca-se a previsão do art. 225 da CF/1988.

> Art. 225/CF. Todos têm direito ao meio ambiente ecologicamente equilibrado, bem de uso comum do povo e essencial à sadia qualidade de vida, impondo-se ao Poder Público e à coletividade o dever de defendê-lo e preservá-lo para as presentes e futuras gerações.

Segundo a legislação brasileira o trabalhador tem direito a um meio ambiente laboral sadio e equilibrado.

A Consolidação das Leis do Trabalho (CLT) nos arts. 157 e seguintes registra as obrigações dos empregadores para a efetivação do meio ambiente do trabalho. Usando a expressão cumprir e fazer cumprir as normas de saúde e segurança do trabalhador.

> Art. 157/CLT – <u>Cabe às empresas</u>:
>
> I – cumprir e fazer cumprir as normas de segurança e medicina do trabalho;
>
> II – instruir os empregados, através de ordens de serviço, quanto às precauções a tomar no sentido de evitar acidentes do trabalho ou doenças ocupacionais;
>
> III – adotar as medidas que lhes sejam determinadas pelo órgão regional competente;
>
> IV – facilitar o exercício da fiscalização pela autoridade competente.

Define Celso Fiorillo meio ambiente laboral como *"local onde as pessoas desempenham suas atividades laborais, relacionadas à sua saúde, sejam remuneradas ou não, cujo equilíbrio está baseado na salubridade do meio e na ausência de agentes que comprometam a incolumidade físico-psíquica dos trabalhadores independentemente da condição que ostentem (homens ou mulheres, maiores ou menores de idade, celetistas, servidores públicos, autônomos etc.).*[2]"

Na interação das relações jurídicas encontramos a obrigação das empresas em efetivar o custeio/financiamento para cobertura dos acidentes de trabalho. Isto se efetiva com o financiamento para o RAT — Custeio para financiamento dos Riscos Ambientais do Trabalho.

Ocorre que tem havido um desvirtuamento muito grande por conta desta obrigação de financiamento. Esta obrigação não aniquila e nem anula a obrigação da empresa/empregador em cumprir as obrigações visando a efetivação do meio ambiente laboral.

Por vezes se tem a impressão que os empregadores fazem a leitura de que com o pagamento do RAT estão exonerados de suas obrigações, como se recebessem um cheque em branco para dispor da saúde e até da vida dos empregados. Configurando uma situação de clara causalidade de dano à saúde ou vida do trabalhador. Ocasionando descumprimento de obrigações legais e contratuais.

No Brasil temos legislação de amparo ao trabalhador tanto no que concerne à saúde, quanto à segurança. Temos normas preventivas e também punitivas. O Poder Executivo atua por intermédio do Ministério do Trabalho e Emprego (o principal órgão de fiscalização e orientação das ações referentes à saúde e segurança do trabalhador), o Ministério Público do Trabalho atua como parte no processo ou fiscal da lei. É competente para ajuizar ações civis públicas ambientais laborais. A atuação do Poder Judiciário se dá através da atuação da Justiça do Trabalho que é a competente para julgar as ações que tenham como causa de pedir o descumprimento de normas trabalhistas relativas à segurança, higiene e saúde dos trabalhadores. Como também perante a Justiça Federal no tocante ao ajuizamento das ações de regresso em que a Autarquia previdenciária (INSS) vai buscar a reparação dos danos sofridos em decorrência da culpa ou doo dos empregadores.

Um dos instrumentos utilizados para coibir e forçar os empregadores a cumprirem suas obrigações no tocante ao meio ambiente laboral é a ação regressiva do trabalho.

A ação regressiva laboral atua como instrumento de caráter pedagógico. Tem como autor o Instituto Nacional do Seguro Social (INSS) gestor do Regime Geral de Previdência Social contra as empresas. Esta ação é prevista nos arts.120 e 121 da Lei n. 8.213/91 (Lei de Benefícios Previdenciários) e se funda na responsabilidade civil dos empregadores.

---

(2) FLORILLO, Celso Antonio Pacheco. *Curso de Direito Ambiental Brasileiro*, p. 22.

Segundo RUI STOCO *"a expressão 'responsabilidade' tem sentido polissêmico e leva a mais de um significado. Tanto pode ser sinônima de diligência e cuidado, no plano vulgar como pode revelar a obrigação de todos pelos atos que praticam no plano jurídico".*[(3)]

A ação só será manejada com a prova pela parte autora que a empresa por culpa ou dolo deu causa à ocorrência do acidente de trabalho. O sistema de seguro contra acidentes do trabalho somente efetiva a proteção diante de riscos ordinários (aqueles cobertos pelos acidentes de trabalho). Não havendo cobertura e proteção diante da existência de riscos extraordinários (aqueles não cobertos pelos acidentes de trabalho).

De acordo com ADAUTO DE ALMEIDA TOMASZEWKI[(4)]: *"imputar a responsabilidade a alguém, é considerar-lhe responsável por alguma coisa, fazendo-o responder pelas consequências de uma conduta contrária ao dever, sendo responsável aquele indivíduo que podia e devia ter agido de outro modo".*

Verifica-se que, via de regra, as empresas alegam que o acidente ocorreu em face de culpa exclusiva do empregado. Alegação que beira a desumanidade por muitas vezes sequer o acidentado está vivo para poder se defender e se manifestar.

Outra alegação comum diz respeito a alegação de *bis in idem* em face do custeio para o RAT e a empresa ser eleita como ré na ação regressiva acidentária. Muitas vezes as empresas privilegiam os aspectos econômicos e a não interrupção do processo de produção. Com clara predominância dos elementos econômicos que se sobrepõem à proteção da saúde e vida dos trabalhadores.

Para efetivação da dignidade da pessoa humana é de vital importância o asseguramento do valor do trabalho. Pois é como exercício da força laboral que se efetiva a inserção social e a manutenção individual e familiar. Por isto a Constituição Federal prevê no art.170 a função social da empresa e bem como a sua responsabilidade pela manutenção de ambiente laboral sadio e equilibrado.

A ação regressiva pode ser entendida como instrumento pedagógico visando a efetivação da segurança laboral e social e a consagração da harmonia social.

Ao sistema jurídico incumbe, portanto, regular as relações sociais de modo a permitir a organização de certa sociedade e, assim, sua evolução. No entanto, o direito constitui uma ciência social e, como tal, deve respeitar os valores do meio que regula.

A ação regressiva é fundamentada na responsabilidade civil que surge em face do não cumprimento (omissivo ou comissivo) das normas de prevenção, caracterizando o ato ilícito.

---

(3) STOCO, Rui. *Tratado de Responsabilidade Civil*, p. 111.

(4) TOMASZEWKI, Adauto de Almeida. *Separação, violência e danos morais* — A Tutela da Personalidade dos Filhos, p. 245.

Por ato ilícito devemos entender aquele praticado em desacordo com a norma jurídica destinada a proteger interesses alheios; é o que viola o direito subjetivo individual causando prejuízo a outrem, criando o dever de reparar tal lesão.

O ATO ILÍCITO caracteriza-se por ação ou omissão. A responsabilidade civil em comento é subjetiva, ou seja, para sua caracterização é necessária a comprovação da culpa ou dolo do causador no caso o empregador (ente federativo). O dever de ressarcir os danos decorre da culpa em sentido amplo e estrito. Culpa em *sentido amplo* deve ser entendida como a violação de um dever jurídico, imputável a alguém, em decorrência de fato intencional ou de omissão de diligência ou de cautela complementar e inclui o dolo. Já a *culpa em sentido estrito*, compreende a imperícia, a imprudência e a negligência.

Com a vigência do Código Civil de 2002, a possibilidade de os acidentes do trabalho serem enquadrados como intercorrências que ensejam responsabilidade objetiva ou independente de culpa do empregador com supedâneo no art. 927, parágrafo único, quando o empregador exerça atividade perigosa ou que o exponha a riscos. Comungando com a opinião de Henrique Gomes Batista.[(5)]

Além das relações de trabalho como eram conhecidas, novas formas de trabalho passam a existir, e principalmente a ser firmarem "pós pandemia do Coronavírus", dentre elas o trabalho "*home office* e o teletrabalho".

Os acidentes de trabalho podem ocorrer independente da época que são realizados. Na atualidade mesmo com a revolução 4.0, ou outras que possam vir e mesmo com várias mudanças nas formas de trabalho, é certo que os acidentes não deixam de existir e deve ser considerada não só a saúde como também a segurança do trabalhador, nesse sentido, destacamos os ensinamentos de Alexandre Pinto da Silva[(6)] com a distinção entre elas: "Em se tratando apenas da segurança, podemos imaginar uma diminuição no número de acidentes do trabalho, aqueles que requerem uma melhor proteção coletiva, que atua no ambiente, no qual pode ser previsto o erro do trabalhador, podendo realmente prevenir o acidente. Quando partimos então para a saúde e qualidade de vida do trabalhador, as mudanças na organização do trabalho, onde os trabalhadores desenvolvem maiores atividades, que exigem grande concentração e cognição, os efeitos começam a se tornar um pouco mais preocupantes, pois o adoecimento mental relacionado ao trabalho, de pessoas, se mostra em franca ascensão, e frente a esse impacto é que devem ser focados os estudos prevencionistas, sobre as

(5) BATISTA, Henrique Gomes. Código Civil altera indenizações. In: *Valor Econômico — Caderno de Legislação*, p.02, 19 fev. 2002.Disponível em: <https://blog.bluetax.com.br/profiles/blogs/as-novas-formas-de-trabalho-e-sst>.

(6) SILVA, Alexandre Pinto da. Disponível em: <https://blog.bluetax.com.br/profiles/blogs/as-novas-formas-de-trabalho-e-sst>.

mudanças na organização do trabalho, como também repercussões nos processos de trabalho, na qualificação dos trabalhadores e nas próprias condições de trabalho, além da eliminação dos postos de trabalho, o que causa grande apreensão aos trabalhadores".

Verifica-se que o não investimento em prevenção dos riscos contra acidentes do trabalho gera um altíssimo custo para as empresas. Razão pela qual, mesmo sob o ponto de vista econômico, este é um dos vetores mais favoráveis tanto para a empresa quanto para o trabalhador.

Segundo OSNY TELLES ORSELLI *"no Brasil grande parte do empresariado ainda peca na tentativa de baixar os custos justamente naquilo que deveria se investir mais, como na prevenção, programas de diminuição de doenças ocupacionais, uso de EPIs eficientes e postos de trabalho ergonômicos, a fim de aumentar justamente os seus lucros"*.(7)

O não cumprimento das normas de segurança e higiene do trabalho gerando um acidente do trabalho podem dar causa a várias ações. A ação que o trabalhador ou seus herdeiros podem ajuizar contra a empresa visando reparação dos danos com fundamento no art. 7º, inciso XXVIII da Constituição Federal (competência da Justiça do Trabalho); Ação acidentária contra o INSS em que o segurado ou seus herdeiros ajuizarão contra a autarquia previdenciária visando a concessão de alguma prestação acidentária do trabalho (competência da Justiça Estadual) e a ação regressiva na qual o INSS ajuizará ação contra a empresa que gerou o acidente do trabalho por culpa ou dolo (competência da Justiça Federal).

Sob a ótica da prevenção o acidente de trabalho é "uma ocorrência não programada que interfere no andamento do trabalho, ocasionando danos materiais ou perda de tempo útil" (FUNDACENTRO, 1980).

Por sua vez o art. 19 da Lei n. 8.213/91 define acidente do trabalho como:

> Art. 19. Acidente do trabalho é o que ocorre pelo exercício do trabalho a serviço de empresa ou de empregador doméstico ou pelo exercício do trabalho dos segurados referidos no inciso VII do art. 11 desta Lei, provocando lesão corporal ou perturbação funcional que cause a morte ou a perda ou redução, permanente ou temporária, da capacidade para o trabalho. (Redação dada pela Lei Complementar n. 150, de 2015)
>
> § 1º A empresa é responsável pela adoção e uso das medidas coletivas e individuais de proteção e segurança da saúde do trabalhador.
>
> § 2º Constitui contravenção penal, punível com multa, deixar a empresa de cumprir as normas de segurança e higiene do trabalho.
>
> § 3º É dever da empresa prestar informações pormenorizadas sobre os riscos da operação a executar e do produto a manipular.

---

(7) ORSELLI, Osny Telles. In: Saúde e Segurança Ocupacional: O que deve mudar no pensamento dos empresários brasileiros. Disponível em: <www.mundoergonomia.com.br>. Acesso em: 19 out. 2016.

§ 4º O Ministério do Trabalho e da Previdência Social fiscalizará e os sindicatos e entidades representativas de classe acompanharão o fiel cumprimento do disposto nos parágrafos anteriores, conforme dispuser o Regulamento.

A atividade de construção civil é uma das mais importantes no Brasil e uma das que mais gera acidentes do trabalho, daí a importância no investimento em prevenção. Posto que os custos dos acidentes acarretam grandes impactos em qualquer ramo de atividade profissional.

A prevenção será efetivada pela adoção por parte dos gestores da empresa de programas de segurança ambiental laboral adequados que efetivem não só o aumento da produtividade como também benefícios fiscais (FAP — Fator Acidentário de Prevenção). O FAP (Fator Acidentário de Prevenção) é mais um instrumento que tem o condão de gerar maiores custos para as empresas que produzam elevado número de acidentes de trabalhou de diminuir a carga fiscal do financiamento de riscos ambientais do trabalho. O FAP — Fator Acidentário de Prevenção é uma fórmula em que repercute o custo da prevenção e o custo reparador. Passamos a explicar o que é e como foi implementado o FAP no Brasil. A Lei n. 10.666, de 8 de maio de 2003, possibilitou a redução ou majoração da contribuição, recolhida pelas empresas, destinada ao financiamento dos benefícios concedidos em razão do grau de incidência de incapacidade laborativa decorrente dos riscos ambientais, de acordo com a metodologia aprovada pelo Conselho Nacional de Previdência Social — CNPS. Trata-se, portanto, da instituição de um Fator Acidentário de Prevenção — FAP, que é um multiplicador sobre a alíquota de 1%, 2% ou 3% correspondente ao enquadramento da empresa segundo a Classificação Nacional de Atividades Econômicas — CNAE preponderante, nos termos do Anexo V do Regulamento da Previdência Social — RPS, aprovado pelo Decreto n. 3.048, de 6 de maio de 1999. Esse multiplicador deve variar em um intervalo fechado contínuo de 0,5 a 2,0. O objetivo do FAP é incentivar a melhoria das condições de trabalho e da saúde do trabalhador estimulando as empresas a implementarem políticas mais efetivas de saúde e segurança no trabalho para reduzir a acidentalidade. Assim, o FAP, que será recalculado periodicamente, individualizará a alíquota de 1%, 2% ou 3% prevista no Anexo V do Regulamento da Previdência Social-RPS, majorando ou reduzindo o valor da alíquota conforme a quantidade, a gravidade e o custo das ocorrências acidentárias em cada empresa. Portanto, com o FAP, as empresas com mais acidentes e acidentes mais graves em uma subclasse CNAE passarão a contribuir com um valor maior, enquanto as empresas com menor acidentalidade terão uma redução no valor de contribuição. A Resolução MPS/CNPS n. 1.269/2006 estabeleceu metodologia definindo parâmetros e critérios para a geração do FAP. Estes parâmetros foram testados e os resultados sinalizaram para a necessidade de aperfeiçoar a metodologia de modo a garantir justiça na contribuição do empregador e equilíbrio atuarial. Desse estudo resultou a nova metodologia abaixo descrita, que altera parâmetros e critérios para o cálculo da frequência, da gravidade, do custo e do próprio FAP, em relação à metodologia anterior.

Demonstraremos de forma planilhada e em linguagem econômica o custo dos acidentes do trabalho para a previdência social e que se provada a culpa ou dolo da empresa poderá ser a empresa acionada regressivamente.

No Brasil a Tábua de Mortalidade aplicável em 2010 é a seguinte:

(...) Ao considerar os sexos masculino e feminino, as respectivas vidas médias aos 40 anos seriam de 75,15 e *80,22 anos*.

(...) A morte de um trabalhador com 23 anos de idade com expectativa de vida da mulher de 80,2 anos gerará uma pensão por morte com duração de 57 anos.

Trabalhador tinha renda mensal de R$ 4.000,00. Lembrando-se que a pensão por morte gera direito a abono anual equivalente ao 13º salário.

57 anos x R$ 52.000,00:

A Previdência Social irá pagar, provavelmente, R$ 2.964.000,00, a título de pensão por morte à viúva se sobreviver até os 80 anos de idade.

Segundo LILIAN FRANZ(8):

> "A indústria da construção civil é um ramo de atividade em que o investimento em segurança nem sempre é visível, em função dos grandes riscos existentes. Pode-se perceber facilmente a necessidade do uso dos Equipamentos de Proteção Individual e Equipamento de Proteção Coletiva para garantir as condições básicas de segurança e saúde no trabalho. Contudo, só isso não é suficiente. Para proteger os trabalhadores é necessário conscientizá-los. Os custos da segurança estão relacionados com o tempo e recursos utilizados no planejamento da prevenção dos acidentes e nos controles implementados nos locais de trabalho. A maioria dos acidentes, senão a totalidade, é previnível, caso se pense antes nas condições que podem determiná-los e adotar atitudes para modificar tal situação. Pode-se citar alguns custos de segurança informados pelo técnico de segurança: Custo dos treinamentos; Custos com exames médicos; Aquisição de equipamento de proteção individual; Placas de identificação e de orientação aos trabalhadores.

(8) FRANZ, Lilian. *Estudo Comparativo dos custos de prevenção e os custos dos acidentes de trabalho na construção civil.* Monografia apresentado como requisito para obtenção de grau de bacharel em ciências contábeis. Florianópolis, 2006.

Conforme os custos citados anteriormente, a Empresa Construir no ano de 2003, 2004 e 2005 apresentou conforme o quadro 14, os seguintes investimentos na área de saúde e segurança do trabalho: Investimentos	2003	2004	2005
EPI	R$ 7.599,39	R$ 7.001,13	R$ 11.520,62
PPRA	R$ 490,50	R$ 215,00	R$ 460,00
PMCSO	R$ 460,00	R$ 215,00	R$ 610,00
Treinamento	R$ 420,00	R$ 0,00	R$ 490,00
Salário Técnico	R$ 0,00	R$ 4.770,00	R$ 7200,00
TOTAL	R$ 8.969,89	R$ 12.201,13	R$ 20.280,62

Quadro 14: investimentos na área de segurança Fonte: a autora

Pode-se perceber que ocorreu um aumento nos investimento de EPI no ano de 2005 devido à necessidade de compra de novos equipamentos, pois ocorreu contratação de novos funcionários e substituição de equipamento com defeitos. Já o PPRA e o PCMSO o custo reduziu, pois o técnico de segurança auxiliou o Sinduscom a realiza-los. O treinamento no ano de 2004 foi considerado zero, pois foi realizado pelo técnico, sendo que ele foi contratado somente em maio de 2004. Todos dentro de uma organização são responsáveis pela prevenção dos acidentes, contudo, os técnicos e os administradores devem adquirir uma cultura de prevenção para poder desenvolver a política de segurança, e com isso ajudar os trabalhadores a entender que devem sempre agir com cautela e cuidado, respeitando as normas de segurança da empresa e as normas regulamentadoras. *O custo da prevenção é na verdade um investimento, pois traz retorno para a empresa, não de forma direta, pecúlio, mas sim indiretamente, na medida em que diminui o afastamento dos trabalhadores dos seus postos de trabalho e traz a sensação aos funcionários de que o empresário se preocupa com suas vidas.* (grifo nosso)

Como contraponto apresenta–se situação de prejuízo das empresas pela falta de prevenção a acidentes do trabalho.

Empresas pagam caro pela falta de prevenção a acidentes do trabalho (12/3/2008)

Omissão e ausência de treinamento adequado por parte dos empregadores ocasionaram acidentes de trabalho com repercussões prejudiciais aos trabalhadores e às empresas, condenadas a pagar altas indenizações, em dois processos julgados pela Quarta Turma do Tribunal Superior do Trabalho. Em um deles, a viúva de um forneiro deverá receber R$ 200 mil, por ter o marido sofrido lesões cerebrais irreversíveis devido a choque elétrico na padaria em que trabalhava. O outro caso é de um ajudante de serraria que teve uma mão esmagada por serra circular e ganhou o direito a pensão alimentícia vitalícia de uma microempresa. O forneiro foi admitido em janeiro de

1993. Em outubro, segundo informou na reclamação, ao limpar o forno, recebeu um choque de 320 volts, devido a um fio descoberto. Após alguns dias, começou a perder sua capacidade de controle motor e constatou diminuição de raciocínio. Submetido a exames, passou a gozar de auxílio-doença previdenciário. Relatórios médicos concluíram haver relação entre o acidente elétrico e o desenvolvimento degenerativo das funções cerebrais do paciente. Em janeiro de 1996, o trabalhador foi aposentado por invalidez pelo INSS, com efeitos retroativos a março de 1994. Após o acidente, a empresa Petipreço Supermercados Ltda. (sucedida pela Galileo Indústria e Comércio Ltda.) tentou despedi-lo, ajuizando inclusive ação de consignação em pagamento, na qual o juiz julgou improcedente a demissão. A empresa resistiu sempre a considerar o choque elétrico como o motivo da degeneração cerebral. Argumentou, em seus recursos, que a causa foi a negligência do trabalhador porque este usou pano molhado para limpar o equipamento elétrico e, ao efetuar a limpeza, se encontrava com os pés descalços. Ao avaliar o laudo pericial, o Tribunal Regional do Trabalho da 5ª Região (BA) verificou que o paciente, antes do acidente, não era portador de qualquer patologia neurológica, metabólica ou cardiovascular. A perícia foi conclusiva no sentido da existência de nexo causal entre a invalidez irreversível do trabalhador e o acidente decorrente de ato ilícito — omissão culposa — praticado pelo empregador. O TRT considerou, então, que a padaria deveria se abster de impor ao forneiro atividade que não era própria de sua função (faxina). Além disso, não deveria permitir o trabalho sem a utilização dos necessários equipamentos de proteção individual (EPI), como botas de borracha. Por último, entendeu que, se o manuseio do equipamento causou choque elétrico, era porque realmente havia algum fio descoberto, o que permitiu que a energia passasse por sua parte externa. Para o Regional, a omissão culposa do empregador no descumprimento das normas de segurança e medicina do trabalho e na manutenção adequada dos equipamentos e maquinários gerou a moléstia, tornando o indivíduo totalmente incapacitado para o trabalho, com visíveis danos morais e materiais. Decidiu, então, condenar a empresa a pagar R$ 200 mil ao trabalhador, que faleceu em setembro de 2005, totalmente incapaz. A viúva é quem receberá a indenização. No recurso de revista ao TST, a Galileo pleiteou reforma da decisão quanto à prescrição aplicável à indenização por dano moral decorrente da relação de emprego, à inexistência de prova de culpabilidade e à indenização por dano físico. A relatora do recurso, ministra Maria de Assis Calsing, rejeitou o recurso, pois a decisão do Regional não violou dispositivos legais e constitucionais. (RR-159/199-010-05-00.8)

Serraria

No segundo caso, o empregado foi contratado para trabalhar na serraria como ajudante geral, em maio de 2004. Três dias depois, foi designado para cobrir a falta de outro funcionário e trabalhar na serra circular, rolando as toras de madeira para encaixá-las nos trilhos que alimenta a serra. Ao colocar a tora nos trilhos, sua mão direita ficou presa e seus dedos foram esmagados. Um deles teve de ser amputado, os demais atrofiaram-se, e o trabalhador perdeu a movimentação da mão direita. A Vara do Trabalho de Caratinga (MG), com base na perícia judicial e na prova oral, considerou ter o empregador (Saulo Cimini Júnior — ME) agido com culpa, pois não proporcionou treinamento específico para o empregado desempenhar suas atribuições com segurança e preparo técnico. Salientou, ainda, que ele nunca havia trabalhado naquele setor, e que a serraria é uma atividade de risco. O juiz deferiu, então, indenização de R$ 40 mil por danos morais, abrangendo o dano estético, e pensão vitalícia, garantida pela empresa mediante constituição de capital de R$ 96.775,00, por danos materiais. O trabalhador, devido à invalidez, já recebe aposentadoria pelo INSS. A microempresa recorreu ao Tribunal Regional do Trabalho da 3ª Região (MG), que manteve a sentença e ainda lhe aplicou multa por litigância de má-fé, de 20% do valor da causa. No TST, o relator do recurso de revista, ministro Barros Levenhagen, avaliou que o Tribunal de origem deixou subentendido que a culpa do empregador teria sido leve ou levíssima quando, na sua decisão, relatou que o trabalhador não fora treinado especificamente sobre o uso de uma alavanca para rolar a madeira na máquina, mas acrescentou como atenuante a circunstância de que ele usara a própria mão, e não as luvas de raspa que lhe foram entregues para o trabalho, porque atrapalhavam o manuseio do maquinário. O relator julgou ter havido violação do art. 944 do Código Civil na decisão do TRT e reduziu o valor da indenização por danos morais e estéticos para R$ 10 mil, além de excluir a condenação por litigância de má-fé. (RR-850/2005-051-03-00.7) (LourdesTavares)[9]

No Brasil dos 5 milhões de acidentes do trabalho ocorridos entre 2007 a 2013, data da última atualização do Anuário Estatístico da Previdência Social, 45% acabaram em morte, invalidez permanente ou afastamento temporário do emprego[10].

De acordo com dados da Organização Internacional do Trabalho (OIT), ocorrem anualmente 270 milhões de acidentes de trabalho em todo o mundo. Aproximadamente 2,2 milhões deles resultam em mortes. No Brasil, segundo o relatório, são 1,3 milhão de casos, que têm como principais causas o descumprimento de normas básicas de proteção aos trabalhadores e más condições nos ambientes e processos de trabalho.[11]

O investimento em prevenção, principalmente em uma sociedade de risco, a todo tempo, é a maneira através da qual a proteção do meio ambiente do trabalho efetiva a proteção de direitos humanos sob o mando de direitos fundamentais.

---

(9) Assessoria de Comunicação Social Tribunal Superior do Trabalho. Brasil

(10) *Anuário Estatístico da Previdência Social*. Disponível em: <http://www.previdencia.gov.br/dados-abertos/aeat-2013/estatisticas-de-acidentes-do-trabalho-2013/subsecao-c-acidentes-do-trabalho-segundo-a-cid/>. Acesso em: 25 out. 2016.

(11) *Site* da associação Nacional de Medicina do Trabalho: <http://www.anamt.org.br/site/noticias_detalhes.aspx?notid=2192>. Acesso em: 25 out. 2016.

A revolução tecnológica, atualmente chamada de revolução 4.0, ao mesmo tempo que traz benefícios, também deixa dúvida quanto aos impactos que serão causados nos trabalhadores, a curto ou longo prazos, não há como saber qual será o resultado das novas formas de trabalho na saúde e segurança do trabalhador, sendo uma das maiores preocupações a saúde mental, seja pela "pandemia" que se apresenta hoje no mundo, seja pela pressão que a tecnologia pode causar nos trabalhadores.

A prevenção é um instrumento de justiça corretiva e distributiva.

Conclusão

Os dados revelam uma atuação antiética de boa parte do empresariado brasileiro, na medida em que privilegiam o lucro em face da saúde ou vida dos trabalhadores. Sem se atentar que a melhor opção é investir em segurança do trabalho de forma preventiva. A não adoção de programas de proteção geram custos elevados para as empresas como pagamento do salário dos quinze primeiros dias após o acidente, a paralisação do setor, máquinas e equipamentos, interrupção da produção, prejuízo à imagem da empresa, danos aos produtos e matérias -prima, fiscalização por parte do Ministério do Emprego e trabalho, pagamento de horas extras(em relação aos trabalhadores remanescentes na atividade profissional), cobertura de licenças médicas, atraso no cronograma de produção e entrega, aumento do prêmio de seguro, multas e encargos contatuais, aumento da alíquota do FAP, além da perda de capacidade laborativa ou muitas vezes de vidas humanas cujo valor é incalculável.

Uma das ferramentas para efetivação do meio ambiente laboral é o ajuizamento das ações regressivas, além da implantação do mecanismo do FAP. Contribuindo assim como mecanismo de prevenção de acidentes do trabalho.

No caso analisado observamos que o não investimento em prevenção contra acidente do trabalho gerou um considerável passível econômico para as empresas. Na medida em que além de todas as despesas gerais, elas serão instadas a ressarcirem os valores que o sistema previdenciário dispendeu com o pagamento das prestações acidentárias em decorrência de acidentes que foram causados por culpa ou dolo ou negligenciamento da adoção de medidas profiláticas e de prevenção de acidentes do trabalho.

Há necessidade que as empresas invistam na implantação de programas de gerenciamento da segurança do meio ambiente laboral criando uma cultura e aprendizado do quase acidente ou da quase perda que mostrou-se ser uma das ferramentas mais poderosas para a prevenção contra acidentes nos locais de trabalho. Esta atuação pró ativa das empresas decorrem da aquisição do conhecimento legal e científico das normas legais, regulamento das empresas, acordos coletivo de trabalho, normas regulamentadoras, fichas de segurança de produtos manuais de instrução e diálogos de segurança. Em consequência dessa atuação pró ativa se obtém uma redução nas mortes ou nos acidentes graves em relação aos trabalhadores, uma maior produtividade em relação à empresa além dos benefícios fiscais tributários como redução em até metade das alíquotas da contribuição que financia os riscos ambientais do trabalho. Por fim destacamos que é mais eficaz e mais barato o investimento em prevenção sob todos os ângulos que se possa analisar ou olhar. Independente da forma de trabalho que seja praticada, ou seja, o olhar deve ser o mesmo diante das novas formas de trabalho.

Referências bibliográficas

BATISTA, Henrique Gomes. Código Civil altera indenizações. In: *Valor Econômico*, Caderno de Legislação, 2002.

BRASIL. *Anuário Estatístico da Previdência Social*. Disponível em: <http://www.previdencia.gov.br/dados-abertos/aeat-2013/estatisticas-de-acidentes-do-trabalho-2013/subsecao-c-acidentes-do-trabalho-segundo-a-cid/>. Acesso em: 25 out. 2016.

______. *Assessoria de Comunicação Social Tribunal Superior do Trabalho*, 2016.

______. IBGE. *Dados e Estatísticas*. Brasília, 2015.

BRASIL. Disponível em: <https://blog.bluetax.com.br/profiles/blogs/as-novas-formas-de-trabalho-e-sst>. Postado em: 4 fev. 2020. Acesso em: 07 fev. 2022.

DEVONALD, Silvia Regina Pondé Galvão; NAHAS, Thereza Christina. *Desafios para alcançar o trabalho seguro no Brasil:* um estudo das situações adversas a relação de emprego. São Paulo: LTr, 2015.

FIORILO, Celso Antônio Pacheco. *Curso de direito ambiental brasileiro*. 10 ed. São Paulo: Saraiva, 2009.

FRANZ, Lilian. *Estudo comparativo dos custos de prevenção e os custos dos acidentes de trabalho na construção civil*. Monografia apresentado como requisito para obtenção de grau de bacharel em ciências contábeis. Florianópolis, 2006.

OLIVEIRA, Sebastião Geraldo de. *Indenização por acidente do trabalho ou doença ocupacional* — De acordo com a reforma trabalhista Lei n. 13.467/2.017. 11. ed. São Paulo: LTr, 2019.

ORSELLI. Osny Telles. *Saúde e Segurança Ocupacional:* O que deve mudar no pensamento dos empresários brasileiros. Consulta ao *site*: <www.mundoergonomia.com.br>. Acesso em: 19 out. 2016.

ROSENKRANTZ, C. F. Una revisión de la concepción compensatoria de la justicia correctiva. en: Diego M. Papayannis (ed.), *Derecho de daños, principios morales y justicia social*. Madrid: Marcial Pons, 2013. p. 61-80.

STOCO, Rui. *Tratado de responsabilidade civil:* Doutrina e Jurisprudência. 7. ed. São Paulo: Revista dos Tribunais, 2007.

TOMASZEWSKI, Adauto de Almeida. *Separação, violência e danos morais* — a tutela da personalidade dos filhos. São Paulo: Paulistana Jur, 2004.

Biodireito x Previdência: Análise sobre a Contenção de Impactos Sociais e Limites Éticos Jurídicos

José Roberto Sodero Victório[1]

Resumo: Este trabalho apresenta uma análise dos impactos sociais da última reforma da previdência em uma visão aplicada do Biodireito e da dignidade da pessoa humana.

Palavras-chave: Biodireito — Ética — Direitos sociais — Reforma da Previdência — Dignidade da pessoa humana.

Introdução

Talvez pudéssemos conceituar a bioética como a ética da vida!

A bioética um liame importante entre a tradição histórica da ética com os desafios atuais, pois não se inventa nada, apenas busca-se aplicar os princípios éticos aos "novos" problemas humanos.

Como tratar questões relacionadas com a vida humana e sua dignidade com o caráter e índole capaz de concretamente não vilipendiá-las?

Como esta questão ética não seria, a nosso ver, genética, ela é culturalmente desenvolvida, como aplicar filosoficamente esses "costumes" que delimitam a atuação humana na acepção ética da vivência. Temos aí a moral.

---

(1) Advogado. Pós-Doutor em Saúde, Bioética, Meio Ambiente Laboral e Direitos Humanos pela Universidade de Salerno (Itália). Doutor em Ciências Jurídicas e Sociais pela UMSA (Argentina). Mestre em Ciências Ambientais pela Universidade de Taubaté. Pós-Graduado em Direito Empresarial pela Universidade de Taubaté. Presidente da Comissão de Direito Previdenciário da OAB SP (2019-2021). Membro Consultor da Comissão de Direito Previdenciário do CFOAB (2019-2021). Professor e Coordenador de Pós-graduação em diversas Universidades, Faculdades e Cursos de Direito. Diretor de Acompanhamento de Acidentes Coletivos do Trabalho do Instituto de Estudos Previdenciários — IEPREV.

Se a ética cuida da filosofia dos fundamentos, dos princípios, dos deveres e dos demais elementos que compõem a sua compreensão, a moral cuida de aplicar a teoria filosófica, ou seja, dos "problemas" práticos.

Enquanto podemos dizer que a ética cuidaria da teoria (como as pessoas e grupos devem atuar, fundamentando racionalmente as normas e critérios a serem adotados), a moral seria a ética vivida.

Neste estudo filosófico da ética, do comportamento humano, por si só ou dele diante da sociedade está compreendida a Moral e o Direito.

Se a moral cuida da subjetividade humana, do mundo interior do homem, sua conduta em face da sua própria consciência, sua individualidade ou moral individual; o Direito preocupa-se de maneira direta com o bem protegido de forma coletiva, do bem comum. Cuida da relação do homem com seu semelhante, obviamente não descuidando do problema do indivíduo, mas da exteriorização da moral individual.

A legislação ainda nos tempos de hoje tem uma conduta de tentar estabelecer ou reproduzir de forma positivada, na maioria das legislações, aquilo que poderíamos chamar de indução dos valores éticos dentro das suas realidades sociais.

É verdade também que temos uma discussão doutrinária sobre se é necessário que se impeça que a ordem jurídica seja a única instância normativa da sociedade, até mesmo pela velocidade da dinâmica social tão alterada nas últimas décadas.

Quando a bioética nasce, o que se tem é o sentimento de responsabilidade diante dos desafios de sustentar e melhorar as condições da vida humana nos processos contemporâneos e isso dentro de princípios basilares: como o da autonomia (quando o sujeito dá a si mesmo o imperativo ético, com independência diante do outro indivíduo, podendo decidir com informação adequada e sem coação, o chamado consentimento informado, por exemplo); o da beneficência, que manda beneficiar a vida humana, fazendo bem aos outros (o respeito à pessoa) e o da não maleficência, ou seja, a obrigação de não causar mal intencional a ninguém.

Como poderíamos então, sob esta introdução, falar de Bioética e Biodireito aplicado aos direitos sociais, em especial ao Direito do Trabalho e ao Direito Previdenciário? Como a legislação brasileira se ocuparia desta responsabilidade legal?

1. O direito à vida digna e sua determinação constitucional

O direito à vida — a uma boa qualidade de vida — ocupa um papel central dentro dos Direitos Humanos, pois o bem protegido resulta condição necessária, primeira e fundamental, para a realização dos outros bens. O direito à inviolabilidade e à garantia digna da vida é um direito que não pode ser contraposto, sendo certo reconhecer que o direito à vida digna implica em direito à qualidade de vida e inclui o direito ao à saúde, à integridade física e psicológica, sua preservação e adequada manutenção, ao trabalho digno, à previdência como direito fundamental. Para isso é condição necessária — mas não suficiente — a existência de um ambiente social são, incluindo obviamente o ambiente laboral.

A Constituição Federal de 1988, não se furtou a tratar do tema.

O preâmbulo da Constituição Federal de 1988 é claro ao afirmar categórica e literalmente em seu texto que: "Nós, representantes do povo brasileiro, reunidos em Assembléia Nacional Constituinte para instituir um Estado Democrático, destinado a assegurar o exercício dos direitos sociais e individuais, a liberdade, a segurança, o bem-estar, o desenvolvimento, a igualdade e a justiça como valores supremos de uma sociedade fraterna, pluralista e sem preconceitos, fundada na harmonia social e comprometida, na ordem interna e internacional, com a solução pacífica das controvérsias, promulgamos, sob a proteção de Deus, a seguinte CONSTITUIÇÃO DA REPÚBLICA FEDERATIVA DO BRASIL".

O grifo ao "bem-estar" como obrigação do Estado a assegurar o exercício dos direitos sociais como valores supremos de uma sociedade fraterna, não é apenas uma declaração política, econômica e social vaga. Ela traz no seu bojo não apenas a intenção de orientação ao Estado brasileiro para uma determinação para que políticas públicas não devam se afastar um milímetro sequer dessa condição compulsória.

E não pára por aí, pois a Constituição Federal em seu art. 1º, II, III e IV, positiva definitivamente que a República Federativa do Brasil, formada pela união indissolúvel dos Estados e Municípios e do Distrito Federal, constitui-se em Estado Democrático de Direito e tem como fundamentos o exercício da cidadania e a obrigatoriedade da consecução da dignidade da pessoa humana e dos valores sociais do trabalho.

O caminho a ser traçado como objetivo fundamental da República Federativa do Brasil vem determinado pelo art. 3º da Carta Magna que traz em seus incisos determinantes construir uma sociedade livre, justa e solidária; garantir o desenvolvimento nacional; erradicar a pobreza e a marginalização e reduzir as desigualdades sociais e regionais; promover o bem de todos, sem preconceitos de origem, raça, sexo, cor, idade e quaisquer outras formas de discriminação.

E quando se trata do direito à vida digna o art. 5º da Constituição Federal de 88, não mediu amplitude da obrigação estatal de determinação ao Estado afirmar que todos são iguais perante a lei, sem distinção de qualquer natureza, garantindo-se aos brasileiros e aos estrangeiros residentes no País a inviolabilidade do direito à vida, à liberdade, à igualdade, à segurança e à propriedade.

Ao definir o que são direitos sociais, que agrega definitivamente a construção do bem-estar social, do desenvolvimento, de igualdade e justiça como valores supremos de uma sociedade fraterna, o constituinte de 1988 estabeleceu em no art. 6º da Carta Regente da República que a educação, a saúde, a alimentação, o trabalho, a moradia, o transporte, o lazer, a segurança, a previdência social, a proteção à maternidade e à infância, a assistência aos desamparados, na forma desta Constituição.

A construção da vida digna na sociedade brasileira trouxe como seu corolário a determinação de direitos dos trabalhadores urbanos e rurais, além de outros que visem à melhoria de sua condição social, uma série de condições mínimas para que o estado de bem-estar social seja efetivado.

Sob o espectro da Seguridade Social o art. 194 constitucionalizou a obrigação dos Poderes Públicos e da própria sociedade em estabelecerem um conjunto integrado de ações destinadas a assegurar os direitos relativos à saúde, à previdência e à assistência social, que formam o seu tripé idealizado.

Tratou da saúde em seu art. 196 universalizando-a e bradando que é um direito de todos e dever do Estado, garantido mediante políticas sociais e econômicas que visem à redução do risco de doença e de outros agravos e ao acesso universal e igualitário às ações e serviços para sua promoção, proteção e recuperação, trazendo como sua base central o estabelecimento de um sistema único de saúde que será financiado com recursos do orçamento da seguridade social, da União, dos Estados, do Distrito Federal e dos Municípios, além de outras fontes.

Observe-se que o sistema único de saúde é tão amplo que do ponto de vista do direito do trabalho, previdenciário e de proteção ao meio ambiente laboral estabelecendo em seu art. 200 que ao sistema único de saúde compete, além de outras atribuições, nos termos da lei, colaborar na proteção do meio ambiente, nele compreendido o do trabalho.

Quando se dirigiu à construção do sistema de Previdência Social, a Constituição traçou em seu art. 201 a determinação de que será organizada sob a forma do Regime Geral de Previdência Social, de caráter contributivo e de filiação obrigatória, observados critérios que preservem o equilíbrio financeiro e atuarial, e atenderá, na forma da lei, a cobertura dos eventos de incapacidade temporária ou permanente, a cobertura para o trabalho e idade avançada, proteção à maternidade, especialmente à proteção ao trabalhador em situação de desemprego involuntário, o salário-família e auxílio-reclusão para os dependentes dos segurados de baixa renda, pensão por morte do segurado, homem ou mulher, ao cônjuge ou companheiro e dependentes.

Ao vedar a adoção de requisitos ou critérios diferenciados para concessão de benefícios, ressalvou, nos termos de lei complementar, a possibilidade de previsão de idade e tempo de contribuição distintos da regra geral para concessão de aposentadoria exclusivamente em favor dos segurados com deficiência, previamente submetidos à avaliação biopsicossocial realizada por equipe multiprofissional e interdisciplinar; e àqueles segurados cujas atividades sejam exercidas com efetiva exposição a agentes químicos, físicos e biológicos prejudiciais à saúde, ou associação desses agentes, vedada a caracterização por categoria profissional ou ocupação.

A Constituição Federal de 1998, que até a edição desse texto conta com trinta e três anos de vigência construiu, portanto, uma determinação ao Estado e à sociedade brasileiros que não há vida digna, sem trabalho digno, sem previdência digna, sem educação digna, sem uma sociedade fraterna, que construa e dignifique efetivamente um estado de bem-estar social.

2. O ser humano como centro do Direito

Durante os debates da reforma da Previdência que resultaram na Lei Complementar n. 103/2019, ao participar por inúmeras vezes de palestras e eventos em que o saudoso professor Luiz Flávio Gomes também compartilhava suas análises e posicionamentos e na unanimidade das vezes, quando o mestre LFG se dirigia a esse autor dizia "você é um humanista inveterado", porque em todas as avaliações trazia o homem como centro de direito, e em várias vezes com oposição à análise econômica do direito como o viés principal do estado e ainda mais impossibilidade de ter um estado liberal economicamente e que conviva com a consecução constitucional de um estado de bem-estar social.

Ensina Eduardo de Oliveira Leite[(2)]:

> "A vitória da concepção personalista do direito, que reivindica o valor da pessoa humana como centro e eixo do direito, certamente imprime uma nova dinâmica à matéria, tradicionalmente votada a mais impermeável duração — à reparação de danos morais — para resgatar a supremacia do sentimento humano, para alcançar a mais ampla garantia da dignidade da pessoa humana."

A designação em uma ou outra categoria de direito – humano ou fundamental – é muito bem ilustrada pela dignidade da pessoa humana e por essas razões, a pessoa humana se encontra no centro de toda a atividade humana, isto, porque tudo gira em torno dos seus interesses e converge no atendimento das expectativas geradas pela atividade humana.

Ao contrário das coisas, que têm preço, às pessoas têm dignidade. E como preconiza Maria Celina Bodin de Morais, "o valor moral se encontra infinitamente acima do valor de mercadoria, porque, ao contrário deste, não se admite ser substituído pelo equivalente" e complementa "a legislação elaborada em razão da prática, a vigorar no

---

(2) LEITE, Eduardo de Oliveira. Reparação do Dano Moral na Ruptura da Sociedade Conjugal. In: *Grandes Temas da Atualidade* — Dano Moral. Obra coordenada pelo próprio autor. Rio de Janeiro: Forense, 2002. p. 164.

mundo social, deve levar em conta, como finalidade suprema, a realização do valor intrínseco da dignidade da pessoa".[(3)]

3. O caso da última reforma da Previdência

Não se duvida que ao fundamentar as reformas previdenciárias pós-Constituição de 1988 no chamado déficit previdenciário e na taxa de sobrevida do povo brasileiro, justificando-se que o sistema da Previdência era injusto e insustentável[(4)] os protagonistas governamentais das alterações profundas no sistema previdenciário nacional, com a devida vênia, não se atentaram para a realidade da população brasileira, deixando de considerar as condições específicas e reais e não apenas teóricas da aplicação da nova legislação.

Não se duvida de que, do ponto de vista estratégico, haveria que se ajustarem parâmetros no sistema previdenciário, mas o que se pergunta é se o cidadão brasileiro foi colocado no foco das soluções.

Vejamos um exemplo característico de que a falta de diálogo social e da não instalação de um modelo em que o cidadão se encontre no centro real das consequências das decisões estatais pode ocasionar.

Ao justificar o parâmetro demográfico de avaliação da reforma previdenciária, os autores da proposta estabeleceram a necessidade de uma idade mínima de aposentação. Para as mulheres 62 anos e para os homens 65 anos. A fundamentação é que os mais pobres teriam sua aposentadoria – na maioria por idade — concedida após 19,5 anos de contribuição, os homens aos 65,5 anos e as mulheres aos 61,5 anos. Ao contrário os mais ricos seriam aposentados por tempo de contribuição, as mulheres, em média com 53 anos e os homens com 55 anos[(5)]. Essa argumentação nos traz, em uma rápida análise, que o objetivo seria ajustar — na reforma — uma desigualdade existente. De forma extrema, poder-se-ia dizer acabar com "privilégios" dos mais ricos.

Assim, sob esse prisma a reforma estabelecida pela Ementa Constitucional n. 103/2019, acabou com a aposentadoria por tempo de contribuição e instituiu uma aposentadoria com idade mínima, como se disse, aos homens com 65 anos de idade e às mulheres aos 62 anos.

No entanto, ao aplicar a situação ao caso concreto, o resultado não é amparado por números reais. Vejamos o caso da cidade de São Paulo, que ser de parâmetro, com as devidas proporções, para qualquer cidade do Brasil.

---

(3) MORAES, Maria Celina Bodin de. *Danos à Pessoa Humana* — Uma leitura civil-constitucional dos danos morais. Rio de Janeiro: Renovar, 2003. p. 81.

(4) LEAL, Bruno Bianco e outros. *Reforma Previdenciária*. São Paulo: Revista dos Tribunais, 2020. p. 5-7.

(5) LEAL, Bruno Bianco e outros. Ob. cit., p. 10-11.

A Rede Nossa São Paulo (RNSP) que é uma organização da sociedade civil que tem por missão mobilizar diversos segmentos da sociedade para, em parceria com instituições públicas e privadas, construir e se comprometer com uma agenda e um conjunto de metas, articular e promover ações, visando a uma cidade de São Paulo justa, democrática e sustentável. Apartidária e que tem a atuação pautada pelo combate à desigualdade, pela promoção dos direitos humanos, pela participação e controle social, e pela transparência e respeito ao meio ambiente publica anualmente o Mapa da Desigualdade[(6)] na cidade de São Paulo.

Todos os dados são gerados e fornecidos pela Prefeitura do Município de São Paulo ou por pesquisas específicas, sob responsabilidade de seus realizadores. A Rede Nossa São Paulo apenas coleta esses números (em plataformas oficiais ou via LAI — Lei de Acesso à Informação) e realiza os cálculos, de forma que não podemos assumir nenhuma responsabilidade em relação à falta de dados ou a possíveis erros nos números recebidos. No caso de indicadores que possuem melhor/pior distrito zerado, o cálculo para o Desigualtômetro passa a considerar o primeiro valor não-zerado, para que seja possível estabelecer matematicamente a relação entre o melhor e o pior. O cálculo da média para o Município de São Paulo contabiliza, além dos dados dos distritos, os dados não-territorializados. Para os indicadores do tema "População" não é feito juízo de valor em relação à sua classificação, apenas são explicitados os distritos com maior população e com população predominantemente preta e parda, feminina ou jovem.

Interessante nesse trabalho é que sobre a questão demográfica os dados apontam no ano de 2020, que nos extremos das zonas norte, sul, leste e oeste, residem o maior número de pessoas em São Paulo. E nesses extremos da cidade a idade média ao morrer é de 65,6 anos, por exemplo, em Cidade Ademar e de 58,3 anos no Jardim Ângela. Os demais distritos desses extremos estão entre os dois números, ou seja, essas pessoas, certamente não conseguirão se aposentar, com a reforma previdenciária e se conseguirem se aposentar vão gozar por pouquíssimo tempo da aposentadoria.

Segundo os dados verificados naquele trabalho, as pessoas que vivem mais estão alocadas nos bairros considerados mais ricos e com menor lotação demográfica, vivendo entre 81,5 e 78 anos em média. Essas vão conseguir se aposentar e usufruir mais da aposentação.

Parece-nos que justificar a idade mínima para se aposentar como indicador de uma reforma justa e igualitária, com a fixação de parâmetros inalcançáveis para a maioria da população pobre não convence em uma análise um pouco mais aprofundada da situação real da sociedade brasileira.

---

(6) O Mapa da Desigualdade é uma publicação da Rede Nossa São Paulo. Todo o conteúdo desta obra está licenciado sob *Atribuição Não Comercial 3.0 Brasil* (CC BY-NC 3.0 BR).

Reitera-se que não se duvida da necessidade de adequações periódicas na Previdência Social, levando-se em consideração toda a dinâmica econômica, financeira e social, mas que deve ter o homem como ponto central para o resultado final.

Aqui, por exemplo, por que não se criaram regras de transição com mais extensão no tempo e nos cálculos dos valores dos benefícios? Por que a reforma da previdência não veio adicionada a políticas públicas mais inclusivas e a construção de planos setoriais mais integrados? Por que não analisar que milhões de pessoas estão separadas pelo acesso (ou a falta dele) a bens e serviços públicos fundamentais para aumentar garantia de uma vida digna e com mais tempo de vida? Por que não colocar em evidências os dados oficiais e disponíveis para que o debate concreto fosse realizado?

Muitas vezes, quando se fala em desigualdade, a primeira coisa que as pessoas visualizam é o desequilíbrio na distribuição de renda. Porém, quando falamos em desigualdade, estamos nos referindo às suas diversas formas de se manifestar: desigualdade de gênero, desigualdade racial e, principalmente, em desigualdades regionais. Essas assimetrias perpetuam ciclos viciosos de estagnação social e acesso a direitos básicos, como previdência, educação e saúde de qualidade; direito à moradia, ao trabalho, à cultura; direito a ter boas condições de mobilidade e segurança; direito a um meio ambiente saudável e a uma infância feliz.

Os efeitos da desigualdade são perversos e afetam a todas e todos, inclusive às pessoas socialmente mais privilegiadas. Esses efeitos se refletem em vários aspectos mensuráveis, como nos índices de criminalidade e violência (social e simbólica); nos tipos e na remuneração do trabalho; no nível de estresse e nas doenças que afetam a população. Esses números demonstram, explicitamente, os sinais de uma sociedade desequilibrada e com baixos índices de bem-estar social. E o pior nesse caso a impossibilidade se ter o direito ao um direito fundamental básico como o da aposentadoria.

Conclusões

Quando se fala em Biodireito é inafastável o debate sobre o conceito e a efetivação de dignidade da pessoa humana, da ética humana que deve ser aplicada inobstante a necessidade de adaptações da dinâmica social, sejam elas impostas pela revolução tecnológica, pelas questões econômicas e financeiras, demográficas, regionais, etc. tudo isso a ser discutido sob o prisma da Bioética ou do Biodireito.

Há que se desmistificar a idéia de que a análise econômica do direito deve ser onipotente e que os parâmetros da dignidade da pessoa humana devem ficar restritos ao limite do possível, sem considerar a consecução do estado de bem-estar social difundido em nossa Constituição Federal.

É verdade também que há a necessidade de um diálogo entre o sistema liberal capitalista e o estado de bem-estar social, pois não se anulam; não se contradizem na idéia finalista que é garantir liberdade e consecução de objetivos sociais.

O debate, o diálogo social se torna importante para evitar equívocos como o demonstrado acima, pois ao tentar se fazer uma reforma previdenciária inclusiva, acaba-se por excluir o elo mais fraco da sociedade.

Aliás, como ensina Canotilho na idéia do procedimento/processo no contexto de uma narratividade emancipatória: "o cidadão, ao desfrutar de instrumentos jurídico-processuais possibilitadores de uma influencia directa no exercícios das decisões dos poderes públicos que afectam ou podem afectar os seus direitos, garante a si mesmo um espaço de real liberdade e efectiva autodeterminação no desenvolvimento de sua personalidade".(7)

Referências bibliográficas

CANOTILHO, José Joaquim Gomes. *Estudos sobre Direitos Fundamentais.* 1. ed. Portugal: Coimbra Editora, 2008.

CORRÊA, Elídia Aparecida de Andrade (Coord.). *Biodireito e Dignidade da Pessoa Humana.* Curitiba: Juruá, 2006.

LEAL, Bruno Bianco e outros. *Reforma Previdenciária.* São Paulo: Revista dos Tribunais, 2020.

LEITE, Eduardo de Oliveira. Reparação do Dano Moral na Ruptura da Sociedade Conjugal. In: *Grandes Temas da Atualidade* — Dano Moral. Obra coordenada pelo próprio autor. Rio de Janeiro: Forense, 2002.

Mapa da Desigualdade é uma publicação da Rede Nossa São Paulo. Todo o conteúdo desta obra está licenciado sob *Atribuição Não Comercial 3.0 Brasil* (CC BY-NC 3.0 BR) São Paulo: out. 2020.

MORAES, Maria Celina Bodin de. *Danos à Pessoa Humana* — Uma leitura civil-constitucional dos danos morais. Rio de Janeiro: Renovar, 2003.

---

(7) CANOTILHO, José Joaquim Gomes. *Estudos sobre Direitos Fundamentais.* 1. ed. Portugal: Coimbra Editora, 2008. p. 72-73.